# Hechizos
# y
# Conjuros

Vudú, una palabra muchas veces escuchada, pero pocas entendida. La magia vudú es una mezcla de técnicas europeas y de la magia traída al nuevo mundo por los esclavos africanos. El vudú es una magia popular, la cual puede ser aprendida y dominada por cualquiera de una manera fácil.

En este libro, Ray Malbrough revela los secretos de la magia vudú. Con el uso sencillo de materiales naturales, se pueden efectuar los cambios necesarios para aportar el mayor beneficio a su vida y a la de sus amigos. Se dan instrucciones detalladas para la elaboración y uso de los saquitos de conjuro gris-gris, a los cuales otros autores se han referido de manera casual.

Malbrough no solo muestra cómo confeccionar los saquitos gris-gris para la salud, el dinero, la suerte, el amor y para la protección contra el mal, sino también cómo funcionan estos conjuros. Nos introduce al mundo de la magia de los muñecos y la forma de utilizarlos en los rituales enfocados a obtener el amor, el éxito y la prosperidad.

Se encuentra un auténtico placer en la preparación de las fórmulas completas para sus propios ung.entos, polvos e inciensos rituales.

Los accesorios de la magia vudú son sencillos, baratos y fáciles de conseguir y emplear. Una lámpara de aceite común, puede convertirse en un instrumento mediante el cual se lleva a la realidad los deseos de justicia en un pleito, para encontrar un empleo y además tener cubiertas las necesidades básicas.

La magia vudú puede resultar tan recreativa como práctica y este fascinante libro, los guía en la realización de encantamientos y conjuros practicados hace más de doscientos años, junto con un sin fín de consejos para tratar con los clientes. La magia vudú puede ser practicada por cualquiera.

# Sobre el Autor

Ray T. Malbrough nació en Nueva Orleans y se crió en el <Pays des Cajuns>, una región en el sureste de Louisiana.

En su infancia, con el permiso y visto bueno de su madre, Jeanne, aprendió los principios básicos del vudú. A los 18 años ya trabajaba como lector/consejero en una Sala de Té de Nueva Orleans. A la edad de 34 años, Ray había adquirido un buen nombre como practicante del vudú en el entorno de su ciudad natal, Houma. Más tarde termino estudios en el seminario Seax-Wicca, y en la actualidad es miembro activo de la Parapsychology Association de Thibodeaux, en Louisiana. Hoy en día, Ray se dedica plenamente a su profesión de lector/consejero y practicante del vudú en su casa en Houma.

## Correspondencia al Autor

Para contactar o escribir al autor, o si desea más información sobre este libro, favor envíe su correspondencia a Llewellyn Worldwide y nosotros la remitiremos al autor. Tanto la casa editora como el autor agradecen su interés y sus comentarios en la lectura de este libro y sus beneficios obtenidos. Llewellyn Worldwide no garantiza que todas las cartas enviadas al autor serán contestadas, pero si le aseguramos que serán remitidas al autor.

Favor escribir a:

**Ray T. Malbrough**
**c/o Llewellyn Worldwide**
**P.O. Box 64383, Dept. K455-3**
**St. Paul, MN 55164-0383, U.S.A.**

Incluya un sobre estampillado con su dirección y $US1.00 para cubrir costos de correo. Fuera de los Estados Unidos incluya el cupón de correo internacional.

# Hechizos y Conjuros

## Ray T. Malbrough

1997
Llewellyn Español
St. Paul, Minnesota 55164-0383, U.S.A.

Edición y coordinación general: Edgar Rojas
Diseño de la portada: Anne Marie Garrison
Obra artística de la portada: Katherine Ace
Diseño interior: Edgar Rojas
Título original: *Charms, Spells & Formulas*


primera edición
Primera Impresión, 1997


Librería del Congreso. Información sobre esta publicación.
**Library of Congress Cataloging-in-Publication Data**
Pending (Pendiente)


La Editorial Llewellyn no participa, endorsa o tiene alguna responsabilidad o autoridad concerniente a los negocios y transacciones entre los autores y el público. Las cartas enviadas al autor serán remitidas a su destinatario, pero la editorial no dará a conocer su dirección o número de teléfono, al menos que el autor lo especifique.

Llewellyn Español
Una división de Llewellyn Worldwide, Ltd.
P.O. Box 64383, Dept. 455–3
St. Paul, Minnesota 55164-0383 U.S.A.

# *Contenido*

*Gracias muy especiales a Cindy Hanson quien compartió conmigo algunas fórmulas.*

*Agradezco al Seminario Seax-Wicca, cuyos miembros me alentaron a compartir todo lo que aprendí sobre la Magia Práctica.*

# *Introducción*

**D**esde los albores del hombre, todas las civilizaciones han creído en la utilización de los encantamientos y en varias clases de prácticas mágicas, aunque éstas se han diferenciado de una civilización a otra. Hoy en día, cuando los progresos técnicos se aceleran cada vez más, existen personas de todo tipo y profesión que todavía emplean encantamientos y magia en su vida cotidiana.

Han surgido de repente en todo el país, tiendas especializadas en lo oculto, con estantes llenos de distintas hierbas, inciensos, ungüentos, polvos y soluciones, cada uno con su propio uso y efecto, ofreciendo así una amplia evidencia de la eterna creencia del hombre en las ciencias ocultas. No puede faltar en ninguna tienda que se precie, un gran surtido de velas de todos los tamaños, formas y colores, así como también de libros especializados en el tema.

En estas páginas se encuentran métodos para llevar a cabo todo tipo de encantamientos y la forma de hacer magia con figuras (muñecos). Dichos métodos han sido transmitidos por los maestros practicantes del vudú a sus discípulos en la parte sureste del estado de Louisiana. La utilización del saquito gris–gris todavía perdura dentro y en los alrededores de Nueva Orleans, mientras que el empleo de figuras en las prácticas mágicas es limitado en la zona rural del estado. El vudú, de una forma u otra, ha sido practicado y temido por todo tipo de personas en el sur de Louisiana, desde la época de su colonización.

Este libro le enseña a preparar sus propios inciensos, ungüentos, polvos y soluciones. Se pueden conseguir todos estos materiales en las tiendas dedicadas al tema, pero recuerde que en el pasado no existían tales tiendas y las personas dedicadas a las ciencias ocultas tuvieron que preparar ellas solas sus recetas.

También se recomienda utilizar aceites claros y velas de un mismo color cuando se pretenda hacer un ritual. Igualmente, el uso de ungüento de color claro tiene más posibilidades.

Ray T. Malbrough

# I

# ¿Qué es la magia?

Tanto los arqueólogos como las personas versadas en la religión contemporánea, señalan que la creencia en la magia y su uso, ha existido desde los tiempos más remotos.

Aleister Crowley definió la magia como ‹‹El arte o ciencia de efectuar cambios de acuerdo con la voluntad››. Y dado que el hombre es motivado básicamente por sus emociones de amor y odio, la magia adoptó dos formas: una enfocada en el beneficio de la humanidad, denominada magia ‹‹blanca››, y otra cuyo propósito es dañarla y se conoce como la magia ‹‹negra››.

Existe la creencia de que una persona que practica la magia con éxito es una bruja, lo cual no es cierto, porque la magia en sí es un arte y puede ser aprendida y practicada por cualquier persona. La definición correcta sería ‹‹mago››, mientras que ‹‹bruja›› es un ser que pertenece a la vieja religión europea precristiana, llamada hoy en día ‹‹wicca››.

Aquellas personas que sientan un verdadero interés por aprender en datalle lo que es brujería, dicho de otra manera, la tradición sajona de la wicca, les recomiendo un libro que publicará muy pronto Llewellyn titulado ‹‹Un curso completo de brujería››, de Ray Buckland.

Un mago negro nunca disfruta de una vida larga y próspera pues existe una ley universal que dice que tarde o más temprano todas las acciones recaerán sobre él. Nunca se debe caer en la tentación de utilizar la magia para hacer daño a otra persona, pues tales acciones llevan a un futuro de pena y decepción.

Se han desarrollado distintas formas de magia a lo largo de los años. Mi opinión es que la más antigua es la conocida como magia simpática, y ésta se basa en el concepto de la atracción mutua de dos personas, objetos, etc. Existe también la magia ceremonial que tiene sus orígenes en el sistema judío, conocida como el Cabala y donde el mago conjura a varias clases de entidades para que cumplan sus deseos. Esta magia puede ser en extremo peligrosa, pues muchas de las entidades conjuradas son muy hostiles hacia el mago. Otra forma de magia es el Talismán, donde un objeto hecho por el hombre se dota de poder y energía para atraer hacia su portador lo deseado. También se puede fabricar un talismán para proteger a su dueño del mal.

Como se ha dicho anteriormente, existen muchos métodos para practicar la magia, pero las tres arriba mencionadas son las más populares, y que hoy en día las emplea el mago que trabaja en solitario.

Mi propósito con este libro es enseñar el método que en general se emplea en el sureste de Louisiana. Me refiero al saquito ‹‹gris–gris›› que tiene sus orígenes en el vudú. Al mismo tiempo ofrezco una variación de la magia simpática donde se utilizan muñecos y se hacen encantamientos y sortilegios que forman una parte del repertorio del mago que practica sólo.

## Para empezar ———

Se necesita un lugar apropiado para que se puedan hacer los encantamientos o practicar los ritos enseñados en este libro. Algunos de los ritos descritos tardan varios días en completarse y es importante que no se interfiera hasta entonces. Este lugar debe ser tranquilo, donde se pueda estar sólo sin temor de ser molestado. Hay que eliminar el ruido (equipo de sonido, televisión, teléfono, el tráfico, y otros ruidos exteriores, etc.) ya que impiden el éxito de los ritos. El lugar más apropiado es el sótano, o el desván, o la habitación de los huéspedes donde los habitantes de la casa no entren muy a menudo.

Se debe disponer de un altar en donde se realice el trabajo ritual. De hecho cualquier objeto puede servir, una caja de madera, una mesa para el café, una tabla apoyada sobre ladrillos. La mayoría prefiere la parte superior de la cómoda y utilizan el cajón de arriba para guardar sus materiales. Se seleccionan unas velas blancas propias para el altar y las cuales se colocan en los rincones posteriores de éste y se prenden de la siguiente manera: primero la de la izquierda y a continuación la de la derecha. Si se desea tapar el altar después del ritual debe hacerse con un trapo blanco. A algunas personas como yo, nos gusta colocar flores frescas, nunca artificiales, sobre el altar para tener presente la naturaleza y teniendo en cuenta la armonía de ellas con el mismo.

No es necesario emplear figuras o cuadros religiosos, pero si lo prefiere, deben colocarse en el fondo del altar y con el pebetero (quemador de incienso y perfumes) situado al frente.

Es necesario disponer de un pebetero el cual se puede conseguir en el mercado o reemplazarse por una taza o recipiente de cerámica, llenado hasta la mitad con tierra o arena, para absorber el calor generado por el incienso ardiente y así evitar que el altar se queme. En la segunda parte de este libro se encuentran las recetas para elaborar incienso.

```
┌─────────────────────────────────────────────┐
│  Flores    Vela del altar    Vela del altar  Flores │
│                                              │
│              Pebetero                        │
│                                              │
│                                              │
│              Libro          Agua bendita     │
└─────────────────────────────────────────────┘
```

En los ritos se utilizan velas de distintos colores. Cada color tiene su propia influencia vibratoria y puesto que el color es lo esencial, el tamaño o forma de la vela no reviste importancia. Los colores que se van a utilizar y sus influencias vibratorias son como sigue:

**Blanco:** Aumenta la fuerza espiritual, rompe las maldiciones o la adversidad. Representa fe, pureza, verdad y sinceridad.

**Rosa:** Vence el mal, significa honor, amor, moralidad, amistad y el éxito en general.

**Rojo:** Amor, sexualidad, buena salud, fuerza y vigor físico.

**Naranja:** Animo, aumenta la capacidad para concentrarse, atracción, adaptabilidad y estímulo.

**Verde:** Dinero, suerte, éxito en las finanzas y prosperidad, fertilidad, buenas cosechas, cooperación.

**Azul pálido:** Entendimiento, salud, tranquilidad, protección, paz, felicidad en general, aumenta la capacidad para percibir lo espiritual, paciencia.

**Azul oscuro:** Depresión, mal humor, variabilidad, impetuosidad. Es un color desafortunado y muy deprimente.

**Morado:** Ambición, fomenta el progreso en los negocios, poder (mundano, psíquico o mágico). Crea tensión y fortalece la voluntad.

**Marrón:** Vacilación en todos los asuntos, incertidumbre y duda, neutralidad. Ataca a la energía.

**Negro:** Tristeza y luto, maldad, pérdida, desacuerdo y confusión.

**Gris:** Anulación, encantamiento, neutralidad.

**Amarillo verdusco:** Celos y enfado, enfermedad, discusiones, desacuerdo y cobardía.

Para que las influencias vibratorias de las velas se vean fortalecidas, éstas deben ser ‹‹bendecidas›› para evitar la presencia de cualquier vibración negativa, tal como se detalla en ‹‹preparativos para el rito››.

Se denomina ‹‹preparar›› el hecho de untar la vela con aceite. Se empieza desde el centro de la vela aplicando el aceite, hacia arriba, sobre la superficie con la mano derecha (si es zurdo, deberá usar la mano izquierda) y frote hasta que la parte superior sea untada. A continuación se frota el aceite desde el centro hasta la parte inferior. Es muy importante concentrarse en lo que significa la unción de la vela en el rito ya que en la mente del mago debe quedar fija la influencia vibratoria que ésta tiene durante el proceso. Para fijar más este simbolismo, se sujeta la vela con la mano derecha (con la izquierda si es zurdo) e imagínese qué representa. Si la vela significa dinero, imagínese dinero o la cantidad requerida. Si se desea amor, centre su mente en un corazón, etc.

## La hora de efectuar el rito

Las fases de la luna juegan un papel muy importante a la hora de practicar un rito. Si éste es de índole constructivo, como el amor, éxito, progreso, fertilidad, salud, mejora, cambio de empleo, riqueza, etc., se debe efectuar en la época de luna creciente. Esto es, entre la Luna Nueva y la Luna Llena. Todos los ritos de naturaleza destructiva como por ejemplo, poner fin a un amor, evitar que una persona realice un acto determinado, acabar con las malas costumbres, provocar la discordia, etc., deben realizarse durante la época de la Luna Menguante. Este período abarca el intervalo entre la Luna Llena y la Luna Nueva.

Si se efectúan los ritos durante ciertas fases de la luna, éstos toman mayor fuerza. También es muy bueno recurrir a la ayuda de los siete planetas. Cada día de la semana es gobernado por uno de ellos y a cada uno se le atribuye una influencia sobre ciertos asuntos de la vida cotidiana. A continuación se encuentra una lista de los días de la semana, junto con sus planetas regentes:

**Domingo:** Regentado por el Sol. El color que se asocia con él es el amarillo y la influencia del domingo abarca la creación de paz y armonía, la obtención de favores de personas de alto rango (esto puede incluir al jefe o superior inmediato dentro del trabajo), la riqueza, el honor, la fama, el hacer amistades, la recuperación de cosas perdidas, la prevención de guerra.

**Lunes:** Regentado por la Luna. Su color asociado es el blanco. Es un buen día para empezar los ritos de reconciliación, sueños, receptividad, amor, para realizar un buen viaje, mensajes, fertilidad femenina.

**Martes:** Regentado por Marte. El color asociado es el rojo, y la influencia positiva de este planeta se relaciona con el desarrollo del valor, la subyugación de los enemigos, los honores militares, el rompimiento de los encantamientos negativos. Marte crea peleas y provoca discordias entre los amigos.

**Miércoles:** Regentado por Mercurio. El color asociado es el morado. Su influencia, abarca la salud, la ciencia, los estudios, el desarrollo psíquico y espiritual, las comunicaciones, adivinanzas y la influencia sobre los demás.

**Jueves:** Regentado por Júpiter. El color asociado es el azul. Se utiliza este día para iniciar los ritos relacionados con la riqueza, obtención de honores, la fertilidad masculina, la amistad, la salud, para tener suerte, éxito en la carrera elegida y con la ambición en general.

**Viernes:** Regentado por el planeta Venus. El color asociado es el verde. La influencia de Venus abarca el amor, los romances, la belleza, la amabilidad, la felicidad, el fortalecimiento de nuevas amistades y la gratificación de los placeres sexuales.

**Sábado:** Regentado por Saturno. El color asociado es el negro. La influencia de este planeta se extiende a los ataques psíquicos (en su lado negativo) y la protección contra el mal. Facilita la comunicación espiritual y se relaciona con todo lo concerniente al hogar.

Para dar un ejemplo del uso de las anteriores tablas, se supone que se quiere efectuar un rito para comenzar con un nuevo trabajo y establecer una buena relación con el jefe. Esto se considera como magia constructiva y las posibilidades de éxito se ven incrementadas si el rito es llevado a cabo durante una época de Luna Creciente. Se consulta el calendario para determinar en cuál fase está la luna. Dado que la Luna Llena tuvo lugar hace cinco días, es el momento propicio y no se debe esperar. A continuación se consulta la tabla de influencias para los días de la semana y se observa que el domingo corresponde al día para la obtención de favores de personas con altos cargos directivos y también se relaciona con un día favorable para hacer amistades. Posteriormente se determina cuántos días tienen que transcurrir durante la fase de Luna Creciente para llegar al próximo domingo. Durante este corto tiempo se pueden conseguir los materiales necesarios para su ejecución. El rito puede realizarse a la primera hora de la mañana o a la primera hora del atardecer, pero teniendo en cuenta que sesiones posteriores deben realizarse a esta misma hora.

# Los preliminares del rito

Antes de iniciar cualquier actividad se debe estar pendiente de eliminar todo tipo de ruido y estar en el lugar más cómodo, cerrar la puerta con llave si esto lo hace sentir más seguro, o si se desea, utilizar un biombo detrás de la puerta para mayor tranquilidad.

Se coloca el altar de acuerdo con el diagrama básico y se debe tener a mano todos los materiales a utilizar en el rito. Estos se especifican de acuerdo a cada ocasión y se deben colocar en una mesita al lado del altar. También se necesita una vela especial de hierbas para el desarrollo psíquico y espiritual, se escribe en ella el nombre y fecha de nacimiento y se unta con ‹‹Aceite de Poder››. Por último se apagan las luces para que la habitación quede envuelta en su luz natural.

**Primer paso:** Se encienden las velas del altar y el incienso.

**Segundo paso:** Se enciende la vela de hierbas para el desarrollo psíquico y espiritual.

**Tercer paso:** Se unge la frente con ‹‹Aceite de Poder››, mediante la señal de la cruz. Imagínese que una luz blanca y radiante está centrándose sobre sí y rodeando todo su cuerpo, inundando de la cabeza a los pies y llenando toda la habitación con su luz, y que los poderes oscuros no pueden atacarlo en ninguna forma.

**Cuarto paso:** Se rocía con los dedos agua bendita en todos los rincones de la habitación, el altar y la zona que lo rodea, diciendo:

> Donde esta agua bendita es rociada que no perdure
> cosa ni encantamiento que no esté en armonía
> conmigo, que huya desde este momento.

Al terminar se coloca nuevamente el recipiente del agua bendita sobre el altar.

**Quinto paso:** Se debe meditar por un instante sobre el propósito al efectuar el rito.

Se deben realizar estas operaciones antes de iniciar cualquier rito. Los pasos tercero y cuarto sirven para purificar a la persona y al lugar de trabajo, además hacen desaparecer todas las influencias negativas que en algún momento pueden enturbiar el éxito del trabajo.

Es muy importante santificar todos los objetos a utilizar a medida que se vayan poniendo sobre el altar. Esto se hace una sola vez y por tanto no es necesario repetirlo diariamente.

Se moja los dedos con agua bendita y se toca el objeto diciendo estas palabras:

*Con esta agua santificada y pura, no perdura influencia negativa alguna. Consagrada como eres y como es debido para ser dedicada al bien.*

Se puede conseguir el agua bendita en cualquier iglesia católica o prepararse en casa. El efecto es el mismo.

**Primer paso:** Se coloca una cucharada de sal sobre un plato y con las palmas de las manos hacia arriba, encima de la sal, se ordena mentalmente fluir su energía, diciendo:

*Que esta sal sea pura y que esta misma pureza santifique todo lo que toque.*

**Segundo paso:** Se ponen las palmas de las manos sobre un recipiente de agua y se ordena mentalmente que fluya la energía, diciendo:

*Esta agua consagro para que todas las influencias negativas sean expulsadas de ella y para que la pueda utilizar con seguridad en mis ritos.*

**Tercer paso:** Revuelva algo de sal en el agua mientras afirma:

*Juntas, esta sal y el agua, se convertirán en un poderoso instrumento para purificar y exorcizar toda la negatividad y los demonios si yo uso esta agua bendita en mis ceremonias.*

## Para terminar el rito

Es aconsejable meditar durante un momento y dar gracias manteniendo las manos hacia las velas del altar, luego éstas se deben apagar.

> *Doy gracias por todas las bendiciones que han entrado en mi vida en el pasado. Doy gracias por todas las bendiciones que van a entrar en mi vida futura a medida que viva cada día en paz y amor.*

Las velas se apagan en el orden inverso en que fueron encendidas.

## Nota

Las oraciones diarias deben incluir los pasos desde el primero al quinto y deben ir acompañadas por una vela de ‹‹Incienso Aura de Encantamiento››. Al finalizar la meditación y oración, se termina el rito.

# II

# *Encantamientos*

**E**ste capítulo trata sobre los encantamientos llamados bolsitos gris–gris, tal como se denomina en el estado de Louisiana, pero este método no es particular de dicha región; de hecho estos bolsitos reciben diferentes nombres en varias partes del mundo, tales como: bolsos de conjura, sacos de ‹‹cuanga››, bolsos de medicina, de encantamiento ‹‹mojo››, etc. No importa cual sea el nombre, pues siempre estos saquitos miden dos pulgadas de anchura por tres de largo, fabricados en franela roja o gamuza, y en uno de sus extremos llevan una cuerdita incorporada para abrir y cerrar.

En estos bolsitos se guardan una variedad de artículos, como hierbas, raíces, polvos, piedras, trozos de tela coloreada o plumas, huesos y símbolos de amor o de dinero. A éstos se agregan unos artículos personales del individuo para quien se fabrica, como restos de uñas, cabello, trozos de ropa usada impregnada de su olor o incluso ‹‹kleenex›› usados. El número de artículos empleados para la confección de estos saquitos van de uno hasta trece, siempre utilizando número impar.

El bolso gris–gris es un talismán mágico y siempre ha de confeccionarse mediante un rito ante el altar, si ésto se hace debidamente, se recibe ayuda para atraer o expulsar ciertas influencias. En resumen estos bolsos pueden fabricarse para varios fines, para el bien y para el mal, para el amor, el dinero, la salud e incluso provocar enfermedades, mala suerte y hasta ocasionar la muerte de un enemigo.

Si se quiere confeccionar un bolso para una mujer que desea el amor de un hombre determinado, se deben emplear los siguientes artículos: un corazón pequeño hecho de cera roja que contenga unos cabellos u otras pertenencias de ambos, polvos para atraer el amor, un trozo de raíz de iris florentina, verbena y una cucharadita de parsiflora. Como se ha explicado previamente, la confección del bolsito se efectúa mediante un rito y todos los componentes son consagrados ante el altar a medida que se vayan colocando dentro de él. Al completarlo se le unta con aceite de amor o de atracción, o una mezcla de los dos, puesto que éste ha sido confeccionado para el amor.

Después de ésto, se entrega el bolso a la persona elegida a fin de que lo lleve junto a su cuerpo. Normalmente las mujeres llevan el bolsito pegado al sujetador o cerca de la axila izquierda. El hombre lo lleva alrededor del cuello o sujeto a su ropa interior. En ocasiones, se puede llevar dentro de un bolsillo, de modo que cada vez que introduzca la mano en él, el bolsito roce con su piel. La mujer que haya recibido el bolsito gris–gris, se le proporciona un frasco del mismo aceite empleado en su confección, para que lo rocíe una vez a la semana.

De la misma forma que cualquier otro talismán, el bolso gris–gris actúa como ayuda psíquico–espiritual, pues representa la fe e incrementa sus propias creencias. Se debe entender plenamente el significado de cada componente, pues éstos actúan psicológicamente fortaleciendo el vínculo entre el deseo y la mente del individuo cuya energía ha utilizado en la confección del mismo.

La fe sola no es suficiente, la paciencia también desempeña un gran papel, pues no todos los deseos se cumplen de manera inmediata, ya que se han de cumplir ciertas condiciones para que estos deseos se hagan realidad. Sin embargo si se mantiene la fe y la paciencia, el bolso gris–gris le da la llave de la felicidad futura.

Se ha dicho que los pensamientos son entidades, que éstos producen energía la cual crea la fuerza necesaria y ésta a su vez se transforma en acción. La voluntad es quien opera y dirige, trasmite y guía los pensamientos hacia su desarrollo, por eso al estar siempre guiados y controlados por ésta, se convierten en una fuerza que ni el tiempo y la distancia pueden vencer. Todos los pensamientos producen vibraciones mentales, las cuales jamás se pierden.

Después de ésto, se puede decir que cuanto más grande es el poder de concentración, más grande será el éxito. Al concentrarse se debe mantener en la mente un sólo pensamiento, sobre un único tema, excluyendo cualquier otro asunto. Para una concentración efectiva se debe encontrar un ambiente tranquilo y aislado; comenzando con un objeto, símbolo o un círculo, por un tiempo corto, a medida que se va aprendiendo se va aumentando el tiempo de concentración hasta completar veinte minutos.

Además de aprender a concentrarse, es necesario familiarzarse con la creación de imágenes mentales. El Pensamiento Creativo hace concreto un objeto determinado, el cual se compone de una imagen mental exacta, con todas sus características importantes. Mediante la imaginación se debe implantar en la mente la imagen más nítida posible de lo deseado.

¿Se desea mejorar los negocios? Cree entonces, una imagen mental de los clientes apiñándose delante del almacén antes de ser abierto. Imagine a muchas personas comprando la mercancía sin pedir rebaja en los precios. ¿Desea dinero? Visualice la cantidad que necesita y mantenga en la mente la imagen hasta que empiece a tomar forma. Entre más nítidas sean las imágenes mentales, y la concentración sea mayor, intensa y fuerte, más rápido se convierten en realidad, pues las vibraciones siguen emanando de la mente al éter que lo rodea y ésto a su vez, produce un efecto magnético que atrae el objeto deseado. No se debe preocupar por dónde o cómo recibe el dinero, pues la Mente Universal escoge el modo justo y adecuado proporcionándoselo sin perjudicar a nadie.

Es posible pensar sin recurrir a las palabras, es así cuando la imagen mental se convierte en pensamiento concreto y se transforma en Pensamiento Creativo puro. Todo lo deseado se encuentra en el Universo, el cual lo rodea y puede llegar a poseerlo. Se necesita de unas hierbas para poder elaborar el saquito gris–gris, por tanto una buena idea es familiazarse con las que armonicen con su personalidad y trabajar únicamente con ellas. Para averiguar si la hierba armoniza o no, lo único necesario es sostener con la mano izquierda (la mano derecha en caso de ser zurdo) y preguntar mentalmente a la hierba, corteza o raíz si está en armonía con usted. En caso de ser afirmativo sentirá entre la planta y la mano una chispa o fluido energético. Si no hay armonía no se siente nada. Para aquellas personas que conocen el péndulo también es un método adecuado para encontrar la planta en armonía. A continuación detallamos una lista de hierbas y sus asociaciones:

**Amor:** Bayas de cubeta, raíz de iris florentina, nardo, vainilla, verbena, flores de la violeta, laurel, trillium, Castaño de Indias, vetiver, lavanda, loto, ligústico, magnolia, muérdago, pasiflora, las hojas de pachulí, vinca pervinca, búgula, scutellania, palo de casia amarga, capullos de rosa, azahar, cincoenrama, tila, raíz de genciana, grama, trinitaria.

**Pasión:** Mirto, absinto, áloes, clavos, damiana, eneldo, coriandro, rodimenia, albahaca, las bayas del enebro, serpentaria del Canadá, semillas de hinojo, granos de

Paraíso, raíz de orquídea, serpentaria, raíz de verbena, hierba de regaliz, hojas de pachulí.

**Dinero:** Castaño de Indias, trébol, fenebreco, jalapa, raíz de galanga, nuez moscada, mejorana, pimienta de agua, haba, tonca, tomillo, arrayán, damiana, echinácea, echinácea (augustifolia), cincoenrama, musgo de Irlanda, varec, reina luisa, argentina, consuelda, tusílago, serpentaria negra, lechera.

**Suerte:** Alfalfa, nabo, hojas del fresno, albahaca, cardo sagrado, camomila, raíz de galanga, granos de Paraíso, semilla de mostaza, peonia, bardana amarilla, raíz de ginseng, raíz de mandrágora, habas de tonca, musgo de Irlanda, semilla de membrillo, perejil, cincoenrama, argentina, hortensia, cáscara sagrada, jalapa, trébol de cuatro hojas, raíz de jenjibre de Jamaica, romero.

**Exito:** Canela, bardana amarilla, albarrana, jalapa, argentina, trébol rojo, castaño de Indias, musgo de Irlanda, cincoenrama, corteza del olmo, vetiver, raíz de mandrágora, habas de tonca, raíz de cálamo aromático, hojas de verbena.

**Salud:** Verbena, tomillo las hojas y raíz del sasafrás, hierba buena, marrubio, lúpulo, eucalipto, matricaria, asafétida, nebeda, hojas de diente de león, zarzaparrilla, yerba santa, betónica, hisopo, semilla de calabaza.

**Protección contra el mal de ojo:** Vetiver, raíz de mandrágora, ajo, bálsamo de Judea (los capullos), hojas de albahaca, hojas de laurel, asafétida, semilla de membrillo, cincoenrama, sangre de drago, sanguinaria, azufre, olívano, jalapa, corteza sagrada, hierba de San Juan, raíz de jenjibre de Africa, serpentaria negra, parrra, helecho, lechera, acónito, carvi.

**Maldiciones:** Arándano, pimienta de Guinea, centinodia, semillas de mostaza negra, hojas de pimentero, hierba carmín, semillas de amapola, ruda, tormentila, valeriana, ajenjo, raíz de achicoria, linaza, estramonio, lépido, gordolobo, hierba fétida, raíz de yohimboa.

**Desarrollo psíquico y espiritual:** Cincoenrama, semilla de anís, bonetero, apio, bálsamo de limón, cola (Cotu kola), artemisa, mejorana, perejil, canela, menta, tomillo, salvia, romero, olíbano, raíz de betel, hojas de buchú, raíz de buglosa, flores de la caléndula, eufrasia.

Al estudiar esta lista de hierbas se encuentra que algunas tienen su energía vibratoria para varios fines.

La piedras también pueden agregarse a los ingredientes del bolsito gris–gris. Durante siglos se le han atribuido a las piedras asociaciones astrológicas y propiedades ocultas de atracción. De la misma forma que ocurre con las hierbas, puede haber discrepancias de opinión.

Hay personas que nunca emplean las piedras, otras han atestiguado su influencia para aumentar el poder del saquito gris–gris. Cuando inicié mi aprendizaje en las prácticas mágicas en el sureste de Louisina me aconsejaron que utilizara en mis ritos todo lo que en algún momento me hubiera dado buenos resultados.

En las asociaciones astrológicas de las piedras también se debe tener en cuenta el ascendente y signo lunar y sus propiedades ocultas. Por ejemplo: La fecha de nacimiento fue el 12 de marzo de 1952, si se quiere encontrar una piedra que armonice con esta fecha e incrementar los poderes ocultos, se debe echar una mirada a la lista de piedras. Se observa que el Jade tiene la propiedad de aumentar los poderes ocultos para las personas nacidas bajo los signos de Virgo , Libra y Acuario, pues bien, el signo solar correspondiente a la fecha 12 de marzo es Piscis, pero en este día, además, la luna entró en el signo de Tauro y, por tanto, surtirá el mismo efecto benéfico.

**Agata:** Sus asociaciones astrológicas son con Tauro y Géminis. Esta piedra atrae la paz, victoria en el juego, la felicidad y la buena suerte. Su poder se encuentra al máximo cuando es portada por las personas nacidas en estos dos signos.

**Amatista:** Sus asociaciones astrológicas son con Aries y Acuario. Atrae el amor, la buena suerte y ayuda contra el alcoholismo, además de ofrecer protección contra las maldiciones. Da los mejores resultados al ser portadas por las personas nacidas bajo estos signos.

**Berilio:** No se le asocia con ningún signo astrológico. Esta piedra atrae el amor y los romances serios. También aporta la esperanza y posee un poder protector.

**Sanguinaria:** Sus asociaciones son con Escorpión y Piscis. Se le conoce también por la cornalina y se le atribuye el poder de atraer la amistad, de tranquilizar a los enojados y en general de apaciguar la ira. Ofrece protección contra el mal de ojo y la depresión. Sus poderes están al máximo cuando es portada por las personas nacidas bajo los signos de Virgo, Escorpión y Piscis.

**Coralina:** Se asocia con Tauro y Sagitario. El coral tiene fama de ser una de las piedras con más poderes protectores. Sirve como defensa contra el mal de ojo y todos los encantamientos maléficos dirigidos hacia su portador y contra los sucesos desafortunados. Se le asocia con el planeta Venus. Es especialmente efectiva cuando es llevada por las personas con el signo solar ascendente o signo lunar en Tauro, Sagitario y Libra.

**Diamante:** Sus asociaciones astrológicas son con Aries y Leo. Se le atribuye el poder, la riqueza y la amistad. Ejerce una gran influencia en restaurar la paz después de una pelea. Simboliza la paz, fidelidad y opulencia. Se considera muy potente cuando es portada por nacidos bajo estos signos.

**Esmeralda:** Asociada con Tauro, Géminis y Cáncer. Tiene poderes de precognición y clarividencia. La esmeralda fomenta el amor y la belleza y devuelve a su origen todo encantamiento negativo. Es más potente cuando es llevada por los nativos de estos signos.

**Granate:** Se asocia con Aries. Atrae la pureza, sinceridad y comprensión. Tiende a ser algo severa y victoriana, pero puede ser útil a los Capricornio y Acuario.

**Jaspe:** El signo asociado con esta piedra es Escorpión. Protege contra el dolor y respalda la independencia. Aporta buena suerte a quien la lleva y actúa como defensa contra las influencias dominantes ajenas. Es especialmente efectivo cuando es utilizado por los nativos de Virgo y Sagitario.

**Jade:** Asociado con Virgo, Libra y Acuario. Se le ha considerado durante siglos como piedra sagrada, ya que aporta la buena fortuna y protege contra las enfermedades o espíritus maléficos. Tiene fama de incrementar los poderes ocultos. Ofrece serenidad y la inmortalidad. Ejerce gran poder a los nativos de estos signos.

**Lapis lázuli:** Asociado con Sagitario. Se le atribuye la virtud de atraer a los espíritus altamente evolucionados y poderosos. De hecho se ha creído siempre que el poseedor de esta piedra está dotado de grandes poderes sobrenaturales. Ejerce más influencia cuando es llevado por las personas que tengan el signo solar ascendente o signo solar en Sagitario.

**Piedra de Luna:** Asociada con Cáncer. Se considera una piedra del amor. Posee las virtudes de proteger el amor e inspirar pasiones tiernas. Muy fuerte cuando es llevada por personas con el signo solar ascendente o signo lunar en Cáncer.

**Opalo:** Asociado con Cáncer, Libra y Escorpión. Tiene fama de ser una piedra muy peligrosa para las personas que no armonicen con ella. Tiene naturaleza mística y aporta la buena fortuna y poderes extramentales a los nativos de estos signos. Aviso. Si no pertenece a uno de estos signos tenga mucho cuidado con el ópalo.

**Rubí:** Asociado con Leo y Capricornio. Aporta poder, lealtad y valor. Sirve para enfocar la energía oculta. Protege contra los problemas y ayuda en el amor y la pasión. Ejerce más influencia al ser portado por los nativos de estos signos.

**Zafiro:** Asociado con Tauro, Libra, Virgo y Acuario. Se le considera una piedra de brujería y poderes ocultos. Tiende a irradiar paz y dulzura. Sirve para revelar la justicia y aclarar la verdad. Más potente cuando es llevado por las personas nacidas bajo estos signos.

**Sardónica:** Asociada con Leo y Virgo. Protege contra los encantamientos y conjuras. Tiende a incrementar la perspicacia de su poder y dona calor y precisión. Más efectiva al ser llevada por los nativos de los signos arriba mencionados.

**Topacio:** Asociado con Aries y Escorpión. Protege a los guerreros, ahuyenta a los demonios y vence a los espíritus maléficos. Se le ha utilizado para adivinar la presencia de agua y tesoros. Tiene más influencia cuando es portado por los nativos de Aries, Géminis, Escorpión y Sagitario.

**Turquesa:** Asociada con Libra, Tauro y Sagitario. Tiene fama de aportar el amor y fomentar el valor. Protege también contra la violencia de palabra y hecho. Sirve además para reducir las tensiones corporales y mentales. Tiene mayor efecto si es llevado por los nativos de estos signos.

**Zircón:** Asociado con Tauro y Acuario. Atrae la fama y fortuna y se le considera una piedra que concede deseos. También protege contra los accidentes y desastres naturales. Ejerce mayor poder cuando es llevado por los nativos de estos signos.

Detallamos a continuación otros ingredientes que se pueden utilizar al confeccionar el saco gris–gris.

**1–** Magnetita. Es aconsejable comprar piedras grandes para partirlas con un martillo en trozos pequeños. Estas piedras suelen utilizarse en pareja para atraer las fuerzas positivas y repeler a las negativas.

**2–** Tréboles de cuatro hojas para aportar suerte.

**3–** La pata de un conejo pequeño.

**4–** Una cruz o crucifijo pequeño para simbolizar la fe.

**5–** Monedas –dentro del bolsito para atraer riquezas–.

**6–** Poderes –para amor, dinero, suerte en el juego, la anulación de maleficios–.

**7–** Dardos para simbolizar el deseo de adquirir suerte o dinero

**8–** Talismanes –los fabricados en pergamino–.

**9–** Medalla del santo de su devoción, para afirmar sus creencias religiosas.

**10–** También se pueden agregar al saquito, trozos de tela de colores o plumas a fin de fortalecer las influencias vibratorias deseadas. Más adelante se encuentra la lista de colores y su significado vibratorio.

**11–** No hay que olvidar de agregar artículos personales, como cabello, restos de uñas, fotografías, etc., de la persona para quien el saquito va destinado, ya que son precisamente estos componentes los que dan solidez entre la energía contenida en el saquito y el individuo.

Como se ha dicho anteriormente, cada saquito debe ser ungido en sus bordes extremos con el aceite apropiado para cada caso, por ejemplo, aceite de amor para atraer el amor, aceite de éxito para atraer el éxito, aceite protector para proteger, etc. (las recetas de los aceites de encuentran en la segunda parte del libro). Cada persona debe poseer un frasco pequeño con el aceite adecuado para ser aplicado una vez por semana y en el día en el cual se confeccionó el saquito, de modo que si fue fabricado un jueves, ser· ungido todos los jueves secesivos.

En resumen, se está en plena libertad para efectuar en el rito cualquier cambio el cual armonice con la personalidad del ejecutante, utilizando las propias conjuras o hierbas. Hay que tener presente que es su propia energía la generadora del poder escondido en el rito. Cuanto más se identifique con su trabajo más grande será el éxito.

Los conjuros forman una parte integral del trabajo ritual y es importante emplear la voz baja. Cuando las palabras retumben en la cabeza y garganta se sabe que está cantando correctamente. Algunos practicantes de la magia prefieren, durante la confección del saquito gris–gris, la presencia de su futuro dueño, si este es el caso, guarde unas tijeras cerca del altar para poder cortar cabello y uñas del interesado.

## *Para proteger el hogar* —

Nuestros antepasados construyeron fosos alrededor de sus castillos para defenderse contra los intrusos y otros disturbios. Afortunadamente, hoy en día podemos protegernos de lo desagradable. Lo único necesario es incorporar un poder protector al aura purificada de nuestro hogar.

Para realizar la protección del hogar es necesario expulsar todas las vibraciones negativas. Para purificar el hogar o edificio debe realizarse en luna menguante, mientras que los ritos de protección deben efectuarse en la fase de luna creciente.

Se requieren los siguientes elementos para realizar el rito de protección:

**1–** Bolso de franela roja o gamuza.

**2–** Una cucharada de cincoenrama machacada.

**3–** Una cucharada de hojas de laurel trituradas o en polvo.

**4–** Un diente grande de ajo.

**5–** Un trozo de raíz de mandrágora.

**6–** Un trozo pequeño de hierro que simboliza la fuerza del rito.

**7–** Dos velas blancas.

**8–** Una vela negra para representar la influencia de Satanás en los hogares, edificios.

**9–** Un frasco de aceite protector.

**10–** Un frasco de aceite para bendecir.

**11–** Incienso para el círculo de protección.

Se introducen los ingredientes, dos, tres, cuatro y cinco en el saquito gris–gris.

Se dispone el altar como sigue:

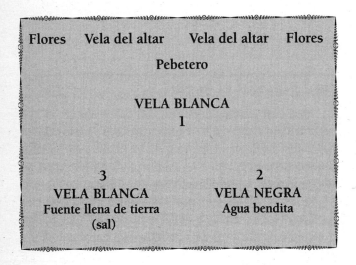

Ungir las dos velas blancas y la vela negra con aceite para bendecir.

**1–** Efectuar los pasos del uno al cinco tal como fueron explicados en los Preliminares del Rito. Se coloca la vela de hierbas encima del agua bendita.

**2–** Encender la vela blanca diciendo lo siguiente:

*Aquí enciendo la vela de (nombre) la cual simboliza el sincero deseo de que su hogar una fortaleza sea, inmune a los intrusos y a las malas influencias.*

**3–** Se enciende la vela negra mientras se afirma:

> *Ahora impera la influencia de Saturno para colmar de bendiciones este saco gris–gris. Que sirva para proteger el hogar en donde se encuentre.*

**4–** Se enciende la vela blanca mientras se afirma:

> *Energía blanca, energía brillante que fortalece el encantamiento hecho por mí esta noche. Una protección amorosa es tu fuerza tejida amorosamente para mi encantamiento.*

**5–** Se empieza a llenar el saquito gris–gris a medida que se entonan estas palabras:

> *Hierba cincoenrama perduran tus poderes para proteger del mal, porque tienen la forma potente de cinco dedos. Tu fuerza es respaldada por las hojas de laurel, ajo y raíz de mandrágora. Fuerte como el hierro será el hogar que reciba tu energía.*

Se sigue cantando hasta llenar el bolso. Se cose o ata la parte superior para evitar que se salgan los ingredientes.

**6–** El saquito se unge con aceite protector y se coloca en medio del triángulo de velas. Se canta tres, cinco, siete o nueve veces, mientras se llena de energía mental al tiempo que se extienden las manos encima del bolso y se entonan las siguientes palabras:

> *Poderoso seas bolso gris–gris de día y de noche. Protege el hogar donde te encuentres, mantén alejado el mal. Una fortaleza serás para el hogar que te tenga, y ningún daño podrá penetrar las murallas impregnadas con tu energía.*

Se canta tres, cinco, siete o nueve veces mientras se llena de energía mental el bolsito gris–gris. Se deja el bolso dentro del triángulo de las velas encendidas cuando se realicen las siguientes acciones.

**7–** Coloque más incienso ‹‹Círculo de Protección›› dentro del pebetero y rocíe todos los muros que demarquen los límites exteriores del hogar a medida que cante:

*Estos muros posiblemente tengan su propia aura, pero este incienso también puede influir en ella. Un poderoso escudo protector serás contra el mal que tente contra tí. Vemos como tu energía ahuyenta a los ladrones, asesinos y todo mal y como los que residan en esta casa, libres se verán del daño ajeno.*

Si la vivienda es aislada se debe rociar con incienso los muros exteriores, al mismo tiempo que se entona el conjuro. En caso contrario se limita a rociar únicamente la parte frontal de la puerta principal.

**8–** Se regresa al altar y se inicia la consagración del saquito rociando con agua bendita hacia ambos lados y se canta:

*Con agua consagro este encantamiento que dará un aura protector a las paredes del hogar en donde se encuentre.*

Unte con tierra–sal ambos lados del bolso, afirmando:

*Con tierra consagro este encantamiento cuya aura protegerá las paredes del hogar en donde se encuentre.*

Pase ambos lados del saquito a través del humo del incienso, afirmando:

*Con aire consagro este encatamiento que dará un aura protector a las paredes del hogar en donde se encuentre.*

**9–** Apague las velas en el orden inverso en el cual fueron encendidas y a continuación se cuelga el saquito encima de la puerta principal.

**10–** Se termina el rito dando gracias por la protección futura.

## Nota

Si llegan al hogar personas negativas, pesimistas, llenas de prejuicios, etc. es aconsejable, inmediatamente después de su partida, echar un puñado de sal marina consagrada en el umbral y rociar las paredes y pisos con una infusión de hojas de albahaca.

## Protección contra accidentes y peligros

Se debe disponer de los siguientes ingredientes:

1– Un bolso de franela o gamuza.
2– Un artículo de la persona que llevará el encantamiento.
3– Escaramujo.
4– Brezo.
5– Consuelda.
6– Cincoenrama.
7– Gordolobo.
8– Sándalo.
9– Una pareja de trozos pequeños de magnetita.
10–Un frasco de aceite de gardenia o jazmín.
11–Una vela blanca.
12–Una vela roja.
13–Una vela azul claro.

## Nota

Se colocan los artículos del dos hasta el nueve dentro del saquito. Las piedras de imán se consideran como dos componentes.

Luego se ubican en el centro del altar tres velas haciendo un triángulo, como lo indica la siguiente figura:

```
┌─────────────────────────────────────────────────────┐
│  Flores    Vela del altar    Vela del altar    Flores │
│                        Pebetero                        │
│                                                         │
│                      VELA BLANCA                        │
│                          1                              │
│                                                         │
│                                                         │
│          3                              2               │
│   VELA AZUL CLARO                  VELA ROJA            │
│    Fuente de tierra                Agua bendita         │
│      (sal marina)                                       │
└─────────────────────────────────────────────────────┘
```

Se ungen las velas blanca y roja con aceite bendito y la vela azul con aceite protector.

**1–** Se efectúan los pasos del uno al cinco como fueron explicados en los Preliminares del Rito. Se coloca la vela de hierbas para el desarrollo psíquico/espiritual, por encima del agua bendita.

**2–** Se enciende la vela blanca y se afirma:

> *Que esta luz simbolice la sincera creencia de que el bolso gris–gris inunde el aura de (nombre) con una cualidad que lo protegerá de los accidentes y el peligro.*

**3–** Se enciende la vela roja y se afirma:

> *La influencia de marte se extiende hasta aquí para proteger a (nombre) de los enemigos que lo acechan.*

**4–** Se enciende la vela azul y se afirma:

> *La protección solicitada, la protección deseada. Que fluya esta energía con las hierbas mezcladas en los encantamientos protectores contra el mal humano.*

**5–** Se empieza a llenar el bolsito diciendo:

> *Escaramujo, brezo y consuelda, confieran la pro-*
> *tección donde estén; hierba de cincoenrama, gordo-*
> *lobo también den su ayuda y poder; sándalo y mag-*
> *netita ayuden para atraer la fuerza protectora.*

Se sigue entonando hasta llenar el saquito y a continuación se cose o ata la parte superior para que no se salga
su contenido.

**6–** Se unta el saquito con aceite de gardenia o jazmín y se
coloca en medio del triángulo. Con ambas palmas sobre
el bolso se entona lo siguiente:

> *Encantamiento de protección hecho ahora, se que*
> *tu misión cumplirás, sé que al aura de esta perso-*
> *na darás tu energía protectora. Lo protegerás del*
> *mal humano y animal y guardarás de los acciden-*
> *tes, se que serás un aura blanca y brillante, ahu-*
> *yentarás todo mal, ahuyentarás todo mal.*

Esta oración se repite tres, cinco, siete o nueve veces.

**7–** Cuando se termine el conjuro, se empieza a consagrar el
saquito, el cual se rocía en ambos lados con agua bendita y se canta:

> *Con agua consagro este encantamiento que será*
> *una fuente de energía para proteger a su dueño de*
> *los accidentes y del mal.*

Se unta ambos lados del bolso con tierra–sal y se dice:

> *Con tierra–sal marina consagro este encantamien-*
> *to, que será una fuente de energía para proteger a*
> *su dueño de los accidentes y del mal.*

Se pasan ambos lados del bolso a través del humo del
incienso afirmando:

> *Con aire consagro este encantamiento, que será*
> *una fuente de energía para proteger a su dueño de*
> *los accidentes y del mal.*

**7–** Coloque el saquito de nuevo en el triángulo, dejando arder las velas durante el resto de la hora. Apague las velas en el orden inverso en el que fueron encendidas para terminar el rito.

## *Para poner fin a los chismorreos*

Se necesitan los siguientes ingredientes:

**1–** Un bolso de franela roja o gamuza.

**2–** Un trozo de tela sobre la cual se dibuja con tinta una cara humana.

**3–** Unos cabellos o ropa perteneciente a la persona quien llevará el bolso.

**4–** Un trozo de jalapa.

**5–** Una cucharada de ulmus fulva (variedad de olmo y su corteza es medicinal).

**6–** Media cucharadita de lobelia.

**7–** Una aguja e hilo negro.

**8–** Dos velas blancas.

**9–** Una vela roja.

**10–**Incienso.

Los artículos del dos hasta el cinco se colocan dentro del bolsito, y las tres velas se disponen en triángulo en el centro del altar como lo indica la figura:

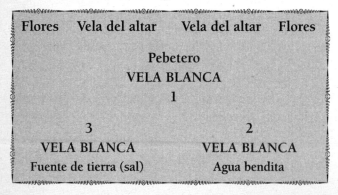

| Flores | Vela del altar | Vela del altar | Flores |
|---|---|---|---|
| | Pebetero | | |
| | **VELA BLANCA** | | |
| | **1** | | |
| | **3** | **2** | |
| | **VELA BLANCA** | **VELA BLANCA** | |
| | **Fuente de tierra (sal)** | **Agua bendita** | |

Se unta la vela blanca 1, con aceite para bendecir, la vela blanca 2, con aceite para el éxito y la vela blanca 3, con aceite del poder.

1– Se ejecutan los pasos desde el uno hasta el cinco, tal como se explicó en el apartado ‹‹Preliminares del Rito››. Se coloca la vela de hierbas para el desarrollo psíquico–espiritual encima del agua bendita.

2– Se coge la aguja con la hebra de hilo negro y se empieza a coser la boca de la cara dibujada en el trozo de la tela. En este caso el color negro simboliza el hecho de estar poniendo fin a los rumores malévolos y a los chismorreos. No representa un deseo de dañar a otro. A medida que se cose se entona el siguiente canto:

*La boca que sujeto hoy, ata fuertemente el mal de otras bocas. Nunca más causarán ansia y alarma, nunca volverán a hacer daño.*

3– Se enciende la vela blanca, afirmando:

*El fuego de la verdad simboliza la fe de (nombre) en este encantamiento. Persistente como la llama arde su sinceridad.*

4– Se enciende la vela roja, afirmando:

*Una bendición se acerca hoy, viene la influencia de Marte para derrivar a los que mediante el chismorreo pretende dañar a sus semejantes.*

5– Se enciende la vela blanca, afirmando:

*La justicia y la verdad vienen ya, virtudes veneradas por muchos para combatir las múltiples mentiras que residen en las mentes enamoradas de la difamación y crueles rumores.*

6– Se introduce la imagen cosida dentro del saquito y se llena con los restantes ingredientes mientras se canta. Nota: Si prefiere se puede atar el artículo personal del individuo a la raíz de jalapa antes de colocarlo en el bolso.

*Para vencer a tus adversarios serás acompaña-*
*do por la jalapa ulmus fulva y la lobelia ellos*
*ayudarán a extinguir las malas palabras. A*
*partir del día de hoy los chismorreos ya no te*
*van a volver a dañar.*

Al final se apagan las velas en el orden inverso en que fueron encendidas. De esta forma se dará por terminado el rito.

## Nota

Se puede aconsejar a la persona portadora del saquito a llevar una vida honrada, interesándose por los demás, siempre empleando la sabiduría y nunca inmiscuyéndose en los asuntos ajenos y rompiendo las promesas.

## Para mantener la buena salud

Se necesitan los siguientes elementos:

1– Un bolso de franela roja o gamuza.

2– Un artículo personal del futuro portador.

3– Romero.

4– Clavel.

5– Eucalipto.

6– Cotu Kola.

7– Un frasco de aceite para atraer la buena salud.

8– Una vela blanca.

9– Una vela roja.

10–Una vela morada.

Los artículos del número dos hasta el seis se colocan dentro del saquito y el altar se dispone de la manera como lo explica la siguiente gráfica:

```
┌─────────────────────────────────────────────────┐
│                                                 │
│   Flores    Vela del altar    Vela del altar    Flores │
│                    Pebetero                     │
│                                                 │
│                  VELA BLANCA                    │
│                      1                          │
│                                                 │
│                                                 │
│        3                        2               │
│     VELA ROJA              VELA MORADA           │
│   Fuente de tierra         Agua bendita          │
│   (sal marina)                                  │
│                                                 │
└─────────────────────────────────────────────────┘
```

Se untan las velas blanca y morada con aceite para bendecir, y la vela roja con aceite para atraer la salud.

**1–** Se ejecutan los pasos del uno hasta el cinco tal y como
fueron descritos en el apartado «Preliminares del Rito».
Se coloca la vela de hierbas para el desarrollo písiqui-
co–espiritual encima del agua bendita.

**2–** Se enciende la vela blanca, afirmando:

*Esta llama ardiente simboliza la sincera creencia de
(nombre) en poder disfrutar y de seguir con buena
salud, y mediante su fe este deseo se cumplirá.*

**3–** Se enciende la vela morada, diciendo:

*Mercurio, tu que controlas la salud desde tiempos
inmemoriales, danos ahora tu bendición para conseguir tu energía curativa.*

**4–** Se enciende la vela roja, afirmando:

*Energía positiva, actúa vigorosamente para res-
tablecer la salud y fuerzas contenidas en este
encantamiento.*

**5–** Se empiezan a colocar los elementos dentro del bolso, entonando:

> *Romero tu que tienes el poder para retener la memoria, y tú eucalipto que combates los catarros que intentan fastidiarnos; tú cotu–kola y clavel ayúdanos para mantener la buena salud.*

**6–** Al completar el bolsito se cose o ata la parte superior para evitar la pérdida de los elementos. Se unge con aceite para atraer la salud y se coloca en medio del triángulo de velas ardientes. Se colocan las palmas de ambas manos sobre el saquito y se concentra al máximo la energía mental, y se entona:

> *Aunque no tengas dinero tienes riqueza, pues ahora disfrutas de excelente salud que tendrás para siempre en abundancia, fuerza y vigor. Aunque no tengas dinero.*

Se entona esta canción tres cinco, siete o nueve veces.

**7–** Una vez se considere que el saquito ha recibido la energía suficiente se procede a consagrarlo, rociando ambos lados con agua bendita a medida que se entona:

> *Con agua consagro este bolso gris–gris, una fuente de energía para mantener la buena salud.*

Se embadurna con tierra/sal marina ambos lados del saquito, afirmando:

> *Con tierra/sal marina consagro este encantamiento, una fuente de energía propicia para mantener la buena salud.*

Se pasa ambos lados del saquito por las llamas de las tres velas, afirmando:

> *Con fuego consagro este encantamiento, una fuente de energía propicia para mantener la buena salud.*

Por último se pasa ambos lados del saquito por el humo del incienso, afirmando:

*Con aire consagro este encantamiento, una fuente de energía para mantener la buena salud.*

8– Se coloca de nuevo el saquito gris–gris en medio del triángulo, dejando prendidas las velas durante el resto de la hora. Las velas se apagan en el orden inverso en que fueron encendidas.

## Para aumentar el amor en tu vida

Se necesitan los siguientes elementos:

1– Un bolso de franela roja o gamuza.

2– Una pareja de piedras de imán (magnetita).

3– Un trozo pequeño de iris florentina.

4– Una cucharadita de pasiflora.

5– Una cucharadita de polvo para atraer el amor.

6– Un berilio (una piedra).

7– Una cucharadita de verbena.

8– Una cucharadita de lavanda.

9– Un artículo personal del individuo.

10– Una vela blanca.

11– Una vela roja.

12– Una vela verde.

13– Un frasco de aceite de amor.

14– Incienso para atraer el amor.

Se colocan los componentes desde el dos hasta el nueve dentro del saquito gris–gris. Las piedras de imán cuentan como dos componentes, proporcionando, por lo tanto, nueve artículos distintos.

Las tres velas mencionadas arriba, se colocan en forma de triángulo y en el centro se colocan todos los ingredientes a utilizar.

La disposición del triángulo es como sigue:

| Flores | Vela del altar | | Vela del altar | Flores |
|--------|----------------|---|----------------|--------|
| | | Pebetero | | |
| | | **VELA BLANCA** | | |
| | | **1** | | |
| | **3** | | **2** | |
| | **VELA VERDE** | | **VELA ROSA** | |
| | Fuente de tierra | | Agua bendita | |
| | (sal marina) | | | |

Se unge con aceite para bendecir la vela blanca y la verde y con aceite de amor la vela rosa.

**1–** Se enciende la vela blanca, afirmando:

> Esta vela simboliza la eterna sinceridad y fe que posee en cuerpo y alma (nombre). Existe la profunda convicción que a partir de este día, el bolsito gris–gris hará incrementar el amor en su vida.

**2–** Se enciende la vela rosa y se afirma:

> Esta vela simboliza todo el amor que impregnará este encantamiento. Y así como arde esta vela así se fortalecerá el amor y cuanto amor des amor recibirás.

**3–** Al encender la vela verde se afirma:

> La influencia de Venus aquí es simbolizada. A medida que arde, fortalece y fluye constantemente la energía elevándose cada vez más hacia el portador del gris–gris.

**4–** A medida que se llena el saquito, se entona lo siguiente:

> *Piedras magnéticas, iris florentina, pasiflora y pol-*
> *vos de amor, llamen a esta hora al amor. Piedra*
> *berilio, lavanda y verbena ayúdenme a incremen-*
> *tar el verdadero amor.*

Se continua entonando hasta que el saquito quede lleno, luego se cose o ata la parte superior igual como se hizo en los anteriores.

**5–** Se unge con aceite de amor el saquito y se coloca en el centro del triángulo. Las palmas de ambas manos se ponen encima del bolsito, entonando:

> *Saquito de amor hecho por mí, lleno de energía*
> *para atraer el bien. Tráeme e incrementa cada día*
> *el amor para palpar su cálido poder.*

Se sigue entonando tres cinco, siete o nueve veces hasta sentir que el bolso ha recibido la energía suficiente.

**6–** Posteriormente se consagra el saquito. Se rocía ambos lados con agua bendita entonando:

> *Con agua consagro este saquito como amuleto que*
> *acerque el amor a su portador.*

Se embadurna con tierra/sal marina, ambas caras del saquito, afirmando:

> *Con tierra/sal marina consagro este saquito como*
> *amuleto que acerque el amor a su portador.*

Se pasan ambos lados del saquito a través de las llamas de las velas, mientras se pronuncia:

> *Con fuego consagro este saquito como amuleto que*
> *acerque el amor a su portador.*

Se pasan ambas caras del saquito por el humo del incienso y se dice:

> *Con el aire consagro este saquito como amuleto*
> *que acerque el amor a su portador.*

**7–** Se coloca de nuevo el saquito en el centro del triángulo, dejando prendidas las velas el resto de la hora. Se apagan en el orden inverso al cual fueron encendidas.

**8–** Se termina el rito.

## *Para ganar el amor de otro*

## *Nota*

Puesto que este rito tiene como objetivo el amor tanto emotivo como físico, es aconsejable el uso de hierbas asociadas con el amor y la pasión.

Se debe disponer de los siguientes materiales:

**1–** Un bolso de franela roja o gamuza.

**2–** Un artículo personal de las dos personas a quienes va destinado el gris–gris para inspirar amor.

**3–** Un corazón hecho de cera roja al cual se le puedan sujetar los artículos pertenecientes a las personas interesadas.

**4–** Una cucharadita de bayas de cubeba.

**5–** Un trozo pequeño de iris florentina.

**6–** Una cucharadita de nardo.

**7–** Una cucharadita de clavos.

**8–** Una cucharadita de damiana.

**9–** Una cucharadita de bayas de enebro.

**10–** Una vela blanca.

**11–** Una vela roja.

**12–** Una vela verde.

**13–** Un frasco de aceite de amor o de aceite de seducción.

**14–** Incienso para atraer el amor.

**15–** Un frasco de aceite para bendecir.

Se colocan los ingredientes desde el número dos hasta el nueve dentro del saquito gris–gris. Como siempre, para este rito, se usan nueve ingredientes.

La disposición del altar se detalla a continuación:

| Flores | Vela del altar | Vela del altar | Flores |
|--------|----------------|----------------|--------|

Pebetero

**VELA BLANCA**
**1**

| **3** | | **2** |
|-------|--|-------|
| **VELA VERDE** | | **VELA ROSA** |
| Fuente de tierra | Libro | Agua bendita |
| (sal marina) | | |

Se ungen con aceite para bendecir las velas blanca y verde y con aceite o bien de amor o bien de seducción, la vela roja.

**1–** Se enciende la vela blanca a la vez que se afirma:

*Enciendo la vela que simboliza la sinceridad y fe eterna que (nombre) posee en cuerpo, mente y alma una fe creciendo siempre ayudándole a ganar el amor de (nombre).*

**2–** Se enciende la vela roja, afirmando:

*Aquí está el fuego de amor atrayéndolos mutuamente en esta hora de amor llenando sus corazones, cobrando fuerza diariamente este encantamiento.*

**3–** Se enciende la vela verde, afirmando lo siguiente:

*Venus, irradia aquí tu luz, dentro de sus corazones implanta las semillas de amor en este día, ayúda-me en mi trabajo.*

**4–** Llene el saquito con los ingrediente, entonando:

*Bayas de cubeba, iris florentina y también nardo, fragua un vínculo entre esta pareja, un amor azul en su pureza. Clavo, damiana, bayas de enebro extrae, excita y seduce este amor predestinado.*

Se prosigue con el encantamiento hasta que el saquito quede lleno. A continuación se cose o ata la parte superior, asegurándose de no verter su contenido.

**5–** Se unge o bien con aceite de amor o aceite de seducción el bolso gris–gris; se deja en el centro del triángulo, manteniendo las palmas de ambas manos encima del bolso, a la vez que se entona lo siguiente:

*Gris–gris trabaja para mí, creando energía amorosa, haciendo de estos dos corazones uno. Este creciente amor que ahora comienza, excita, seduce y atrae este ardiente amor predestinado realizando su deseo interno tal y como este amor empieza.*

Se sigue entonando este conjuro tres, cinco, siete o nueve veces hasta sentir que el gris–gris esté impregnado con suficiente poder.

**6–** Se consagra el bolso de la siguiente manera: Rocíe ambas caras del saquito con agua bendita, afirmando:

*Con agua consagro este bolso gris–gris, como instrumento que inspira el amor.*

Embadurne con tierra ambos lados del saquito a la vez que afirma:

*Con tierra consagro este encantamiento, como instrumento que inspira el amor.*

Se pasa ambos lados del saquito gris–gris a través de las llamas de las tres velas, diciendo estas palabras:

*Con fuego consagro este encantamiento como instrumento que inspira el amor.*

Se pasa ambos lados del saquito por el humo del incienso afirmando:

*Con aire consagro este encantamiento como instrumento que inspira el amor.*

**7–** Coloca de nuevo el saquito en el centro del triángulo, dejando arder las velas durante el resto de la hora. Apáguelas en el orden inverso en que fueron encendidas.

**8–** Se concluye el rito.

## Para ser más seductor

### Nota

Si se quiere ser más seductor hacia las mujeres, se necesita algo que simbolice la vagina (por ejemplo, una piedra, roca, con un agujero natural atravesándolo). Si en cambio quiere ser más seductora para los hombres, se necesita algo que represente el pene (por ejemplo, conchas oblongas encontradas en la playa).

Este rito está ideado para incrementar los encuentros sexuales. Se cambian las palabras de acuerdo con el deseo.

Se deberá disponer de los siguientes materiales:

**1–** Un bolso de franela roja o gamuza.

**2–** Un artículo personal del individuo.

**3–** Una pequeña pieza de tela roja o una pluma roja.

**4–** Una cucharadita de raíz de serpentaria del Canadá.

**5–** Una cucharadita de damiana.

**6–** Una cucharadita de semilla de hinojo.

**7–** Una vela blanca.

**8–** Una vela roja.

**9–** Una vela verde.

**10–** Un frasco con aceite de seducción.

**11–** Un incienso para atraer el amor.

**12–** Un frasco de aceite para bendecir.

Los componentes desde el número dos hasta el seis se introducen en el saco. En este rito se utilizan cinco ingredientes.

## *Nota*

El altar será dispuesto de la misma forma como fue preparado para confeccionar el saquito gris–gris del rito ‹‹para ganar el amor de otro››. Puesto que se utilizan las misma velas en este rito, vea el anterior diagrama.

Se ungen las velas blanca y verde con aceite para bendecir y la vela roja con aceite para seducir.

**1–** Se enciende la vela blanca haciendo esta afirmación:

> *Aquí se simboliza la fe creciente y la sinceridad que (nombre) posa en este bolso gris–gris para aportarle una potente y seductora aura.*

**2–** Se enciende la vela roja, a la vez que se entona:

> *Aquí está la energía necesaria para incrementar la sexualidad. Tu eres seductor, todos lo dirán y estará en tí esta energía.*

**3–** Se enciende la vela verde y se afirma:

> *Venus, aquí su influencia da para bendecir este conjuro anhelado. Un constante flujo de energía aumentará la seducción.*

**4–** Se empieza a llenar el bolsito gris–gris mientras se entona lo siguiente:

> *Serpentaria del Canadá trabaja para mí, damiana y semilla del hinojo, dame la ayuda que necesito. Rojo, el color del deseo, tu presencia se palpa en esta hora. Mi seducción incrementas, pues soy deseable, todos lo ven.*

**5–** Se unge el bolso con aceite de seducción, pasándolo por el centro del triángulo. Las palmas de ambas manos se mantienen encima del bolso, a la vez que se entona:

*El poder de seducción trabaja para mí, incrementando, fortaleciendo firmemente, induciendo a otras a desearme, corriendo velozmente hacia mis brazos. Una noche de amor, una noche de éxtasis, pues anhelan besar mis labios y con una sonrisa se despiden, deseando volver otro día.*

Se prosigue con el encantamiento tres, cinco, siete o nueve veces hasta sentir que el bolsito gris–gris ha absorbido suficiente energía.

**6–** Se consagra el bolso gris–gris rociándolo por ambas caras con agua bendita a la vez que se afirma:

*Con agua este conjuro consagro, como instrumento para que el seductor vuelva a su portador.*

Se embadurna con tierra ambos lados del gris–gris, mientras se dicen estas palabras:

*Con tierra este conjuro consagro, como instrumento para que el seductor vuelva a su portador.*

Se pasan ambas caras del gris–gris a través de la vela blanca, la roja y la verde, mientras se entonan las siguientes palabras:

*Con fuego este conjuro consagro, como instrumento para que el seductor vuelva a su portador.*

Se pasan ambas caras del saquito gris–gris por el humo del incienso, y se afirma:

*Con aire este conjuro consagro, como instrumento para que el seductor vuelva a su portador.*

**7–** Se vuelve a posar el saquito gris–gris en el centro del triángulo, dejando arder las velas durante el resto de la hora. Se apagan en el orden inverso en que fueron encendidas.

**8–** Concluye el rito.

## Nota

No es insólito, el uso de semen para un rito enfocado en un hombre o la sangre menstrual para una mujer.

## *Para obtener dinero*

Se debe disponer de los siguiente materiales:

**1–** Un bolso de franela roja o gamuza.

**2–** Una moneda auténtica o falsa.

**3–** Una pareja de piedras de imán.

**4–** Un castaño de Indias.

**5–** Una cucharada (sopera) grande de cincoenrama.

**6–** Una cucharadita de polvo para aumentar el dinero.

**7–** Una cucharadita de cincoenrama.

**8–** Un frasco de aceite para atraer el dinero.

**9–** Una vela blanca.

**10–**Una vela amarilla (la influencia solar se usa en este rito).

**11–**Una vela verde.

**12–**Incienso fuente dorada.

Los componentes desde el dos hasta el siete se introducen en el saquito gris–gris. En este rito se utilizan siete artículos distintos.

El altar se dispone como sigue:

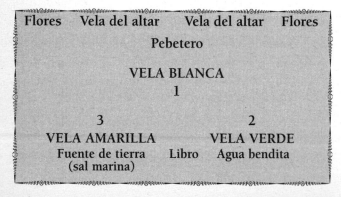

Se ungen las velas blanca y amarilla con aceite para bendecir y la vela verde con aceite para atraer el dinero.

1– Se enciende la vela blanca mientras se dicen estas palabras:

*En esta vela se simboliza la siempre creciente fe y sinceridad que (nombre) posee, mediante la cual el bolso gris–gris le aporta el dinero a su vida.*

2– Se enciende la vela verde y se afirma:

*El dinero merecido se acerca, a medida que mis palabras son oídas, un constante flujo de monedas a sus manos llegará.*

3– Se enciende la vela amarilla, entonando lo siguiente:

*La fuerza adicional el sol aporta, como este trabajo ha sido ahora iniciado. Para hacer este conjuro por dinero dando una energía constante.*

4– Se empieza a llenar el saquito gris–gris con sus ingredientes mientras se entona:

*Hacia mi las piedras de imán atraen el dinero visualizado. Castaño de Indias, hierba cincoenrama aportando ayuda duradera, polvos que atraen el dinero y cincoenrama, dame el dinero necesitado.*

Se continúa con el cántico hasta estar el bolso lleno y a continuación se cose o ata la parte superior, a fin de no verter su contenido.

5– Se unta el bolsito gris–gris con el aceite para atraer el dinero. Se posa en el centro del triángulo y se mantienen las palmas de ambas manos encima del bolso, entonando:

*El dinero fluye hacia mí directamente, en mis manos él estará. Los problemas financieros nunca más me molestarán. Y mis necesidades serán cubiertas para siempre, pues mi encantamiento opera en mí. Sin cesar me atrae el dinero. Mis necesidades financieras serán cubiertas, comenzando tal y como deseo desde este día.*

Se prosigue con el cántico tres, cinco, siete o nueve veces hasta sentir que el bolso gris–gris ha recibido energía suficiente.

6– Se consagra el gris–gris rociando ambas caras con agua bendita a la vez que se afirma:

> *Con agua este conjuro consagro como instrumento*
> *para atraer sin cesar el dinero.*

Se embadurna con tierra ambos lados del saquito afirmando:

> *Con tierra este conjuro consagro como instrumen-*
> *to para atraer sin cesar el dinero.*

Se pasa ambas caras del saquito gris–gris a través de las llamas de las tres velas afirmando:

> *Con fuego este conjuro consagro, como instrumen-*
> *to para atraer sin cesar el dinero.*

Se pasa ambas caras del saquito por el humo del incienso a la vez que se afirma:

> *Con este aire este encantamiento consagro, como*
> *instrumento para atraer sin cesar el dinero.*

7– Se posa el saquito en el centro del triángulo, dejando arder las velas durante el resto de la hora. Se apagan las velas en el orden inverso en que fueron encendidas.

## Después del rito

Cuando se hayan apagado las velas, el bolso gris–gris estará listo para entregarse a su futuro dueño. Para que tenga más efecto la energía contenida en el saquito, es aconsejable llevarlo junto a la piel. En el supuesto de haberse confeccionado el bolso con el propósito de influir sobre otra persona –por ejemplo, para asegurar su fidelidad– y no se considera conveniente que dicho individuo sepa de la existencia del encantamiento, éste podrá ser fácilmente escondido.

Se podrá esconder debajo de un cojín o detrás de su silla favorita, debajo de un colchón o sujeto a la parte de atrás de su cabecera, o bien se podrá colocar debajo de los peldaños que den acceso a su casa. Para que surta efecto, no es necesario llevar encima el saquito, pero sí es importante que penetre periódicamente durante el día, en el aura de la persona involucrada. Algunos practicantes, quienes desean llevar a cabo una maldición, cuelgan el saquito cerca de la puerta principal o posterior de su víctima. Cada vez que ésta pasa cerca del árbol o arbusto su aura recibe la energía negativa transmitida por el saquito gris–gris.

Si por alguna razón no se lleva el saquito gris–gris, se guarda en una caja pequeña de madera.

Al llegar al punto cinco en los ritos explicados previamente, se realizan varias operaciones a la vez.

1– Cuando se pongan las palmas de las manos encima del saquito, una vez que éste se haya llenado, se debe ordenar mentalmente fluir a la energía. Es en este momento en el cual se precisa de más poder para intensificar el aura de las hierbas, piedras, etc., empleadas para confeccionar el saquito. Es un hecho conocido la existencia del aura propia, tanto en los humanos como en las plantas y objetos inanimados.

2– Las palabras empleadas en el cántico definen cómo va a operar esta energía.

3– Al entonar el conjuro es importante visualizar en la mente el éxito del deseo. El uso simultáneo de las palabras e imágenes pueden ejercer una presión enorme sobre el subconsciente.

A lo largo de los años, ciertos aspectos del catolicismo se han dejado notar en las prácticas mágicas del sur de Louisiana. He evitado en forma deliberada, utilizar esta influencias, pero sí, en cambio, he conservado la costumbre de entonar durante el proceso de llenar y cargar con energía el saquito, tal y como se explicó en el paso cinco, ya que en mi opinión, la influencia católica limita la totalidad de expresión del individuo.

Todo lo antes expuesto, opino, debe proporcionarle ideas suficientes para hacer, o bien para sí mismo o para otra persona, un saco gris–gris. No se debe temer utilizar la imaginación, y darle rienda suelta al confeccionar el saquito. De este modo los ritos se convierten en lo que deben ser –ritos personales–.

# III

# Las figuras de trapo y la magia

**D**esde tiempos inmemoriales se ha utilizado en las prácticas mágicas las figuras masculinas y femeninas tanto en el Viejo como en el Nuevo Mundo, en donde fueron fabricadas por algunas tribus. La figura es confeccionada mediante un rito y se emplea como un vehículo psíquico entre la persona y el encantamiento mismo. Al contrario de la creencia popular, no es necesario que la figura represente exactamente la persona para quien es ideada. Lo importante, sin embargo, es mantener durante el proceso de fabricación una imagen clara del futuro dueño. En Louisiana, se emplean dos materiales básicos –tela y arcilla–. La figura de tela consta de un sencillo esbozo humano recortado en dos trozos de este material, con un agujero en la parte superior por donde se puede rellenar el modelo.

El relleno puede ser de algodón, paja, musgo o hierbas. Naturalmente, para mezclar con el relleno es conveniente obtener el máximo número posible de artículos pertenecientes a la persona simbolizada en la figura sin saberlo ella. De esta forma una figura de trapo confeccionada para representar una persona pelirroja con ojos verdes, por cabello tendrá lana o hilo rojo, mientras los ojos se cosen con hilo verde.

## Nota

Es costumbre emplear como material para confeccionar una figura de trapo, un trozo recortado de una prenda usada del individuo simbolizado por el muñeco.

La figura que más se utiliza es la de arcilla, la cual tiene la forma básica de un hombre o mujer. Existe, además, la creencia de que la arcilla utilizada en su fabricación debe ser la de la entrada del refugio de un cangrejo. Tal y como sucede con la figura de trapo, también con este modelo se emplean tantos componentes propios como sea posible de la persona sujeta al encantamiento.

Al ser terminadas, la figuras se envuelven en lino blanco y limpio para esperar el momento del rito.

El fabricar sin ritual una figura, bien para representarse a sí mismo o a otra persona, es un acto tan inocente como inútil, ya que es el rito el cual ejerce presión sobre la mente del operador y fortalece el vínculo entre éste y el individuo simbolizado por el muñeco. Para consagrar la figura, el altar es dispuesto de la siguiente manera:

| Flores | Vela del altar | Vela del altar | Flores |
|---|---|---|---|
| | Pebetero | | |
| | **VELA ROJA**<br>1 | | |
| | Figura(muñeco) | | |
| Fuente de tierra<br>(sal ) | Libro | Agua bendita | |

**1–** Se encienden las velas 1 y 2.

**2–** Se enciende el incienso, que en este caso es el del aura de encantamiento.

**3–** Se bendicen los artículos empleados en la fabricación de la figura y se prosigue con el trabajo. Se visualiza la persona representada por la figura y se mantiene en la mente esta imagen a medida que se concentre sobre la persona para quien se está creando el muñeco. A fin de fortalecer la concentración se repiten constantemente las palabras:

> *Nombre ... tal como lo veo*
> *Nombre ... representas para mí*

Se sigue entonando el cántico hasta estar la figura terminada.

Se posa en el altar debajo de la vela roja. Se colocan ambas manos encima de la figura y se ordena fluir a la energía mientras se entonan tres, cinco, siete o nueve veces:

> *Aunque estéis separados sois como uno. Como ...*
> *(nombre) empieza ya tu vida.*

**4–** Se pasan ambos lados de la figura terminada a través de la llama de la vela roja –simboliza el color de la sangre y la fuerza vital–, y se afirma:

> *Con fuego consagro esta figura como ... (nombre)*

Se rocían ambos lados con agua bendita, a la vez que se entona:

> *Con agua consagro esta figura como ... (nombre)*

Se pasan ambos lados por el humo del incienso y se afirma:

> *Con aire consagro esta figura como ...   (nombre)*

**5–** Después de envolver en lino blanco y limpio la figura, se guarda hasta que tenga lugar el rito.

Se ha dicho de la magia y del vudú, que no tiene ningún poder, y así nadie podrá influir, para bien o para mal, sobre la vida de una persona incrédula. En cierto sentido esto tiene algo de verdad, y me refiero a la palabras de un viejo practicante del vudú: ‹‹no es necesario que la víctima crea en el gris–gris››, sino que la persona que practica el vudú tenga la fe suficiente para hacerla funcionar. De hecho, se puede ignorar totalmente a alguien que esté empleando para alguien la magia gris–gris, sólo es suficiente la fe del propio practicante. Todos los seres humanos poseen una protección natural contra el mal y las influencias negativas. Esta protección se conoce como el aura y si se armoniza con la luz cósmica blanca, automáticamente purifica y fortalece esta aura. Una aura limpia y fuerte lo protege, e incluso devolverá el mal a la persona deseosa de hacer daño. Este poder protector también se ve incrementado si se lleva un saquito gris–gris confeccionado para guardarlo de la maldad. No cabe duda, el poder de sugestión es muy fuerte para influir sobre la mente. Pero hay que tener presente, una vez sabidas las malas intenciones de otro, éstas siempre pueden ser devueltas a su transmisor. Las personas más vulnerables a los ataques maléficos son precisamente las ignorantes de la magia y del poder protector del aura, porque al transcurrir el tiempo el mago negro penetra esta aura protectora. Entonces, recurrir en ayuda de estas personas ya es tarde, resultando sumamente difícil alejar las influencias negativas de sus vidas. Por esta misma razón, es aconsejable protegerse contra la maldición silenciosa, ya que puede ser la más peligrosa.

Muchas personas tienen la idea equivocada que la magia es solución para hacer desaparecer de sus vidas cualquier problema; y lograr que salgan a pedir de boca todos sus deseos. Lamentablemente, este concepto de magia pertenece al mundo de la ficción y la televisión. Las pruebas nos enseñan la paciencia. La magia ayuda en el sentido de poder acortar la duración de un problema o cambiar el rumbo de la vida de una persona. A veces puede convertir en realidad nuestros deseos. No hay que olvidar también cómo la mayoría de nuestros problemas son el resultado de nuestros propios descuidos y acciones irresponsables. A veces fracasan los encantamientos por múltiples razones. Quizá lo deseado no era beneficioso. Tal vez durante el transcurso de un rito para ganar el amor de otro, no se poseía la fe suficiente en su culminación. El sentir duda durante un rito es, en realidad, una invocación al fracaso, y seguir con la ceremonia, una pérdida de tiempo y energía, a pesar del hecho de estar intentando conseguir algo positivo. Puede ser necesario dedicar más tiempo a la concentración y visualización creativa.

Si se tiene la intención de efectuar los siguientes ritos para otra persona y no para sí, hay que procurar que aquella trabaje a su lado.

La segunda persona deberá cumplir ciertas instrucciones. Se emplea una vela especial de hierbas, la cual es hecha por la persona que está efectuando el rito –y se le pedirá a la otra persona que, al encenderla, haga una afirmación atestiguando el buen propósito del rito–. Puede incluso recitar un salmo de la Biblia cuando encienda la vela. Es importante que esta persona tome cada día un baño ritual, al cual agregará una cucharada de sal bendita y ciertos aceites de ungir y que durante el baño la vela arriba citada esté encendida.

Estas velas son fabricadas o bien mezclando las hierbas con la cera o bien frotando la vela untada con las hierbas machacadas en polvo. Se puede también rociar las hierbas con aceite y a continuación aplicar la mezcla al aceite.

Véase ahora una lista de las hierbas a emplear:

**Amor:** Se agrega verbena y pasiflora en polvo a una vela roja o rosa, de acuerdo con el propio gusto.

**Pasión:** Se agrega mirto y clavos en polvo a una vela roja.

**Matrimonio:** Se agrega azahar, raíz de iris florentina y semilla de anís en polvo a una vela roja.

**Para curar:** Se agrega cardo sagrado en polvo a una vela azul pálida.

**Para anular un maleficio:** Se agrega betónica en polvo a una vela blanca.

**Maldecir:** Se agrega centinodia en polvo a una vela negra.

**Poder espiritual y psíquico:** Se agrega semilla de anís a una vela malva o blanca, de acuerdo al gusto.

**Suerte:** Se agrega peonia y cincoenrama en polvo a una vela verde.

**Protección contra el mal:** Se agrega cincoenrama y sándalo a una vela azul pálida.

**Dinero:** Se agrega tomillo, trébol y laurel en polvo a una vela verde.

**Poner fin a los chismorreos:** Se agrega ulmus fulca (tipo de olmo con propiedades medicinales) a una vela blanca.

**Confundir a un enemigo:** Se agrega raíz de youmboa a una vela marrón.

**Entendimiento:** Se agrega incienso en polvo a una vela azul pálida.

**Éxito:** Se agrega canela, musgo de Irlanda y cincoenrama en polvo a una vela naranja.

La velas han de ser bendecidas e inscribir sobre ellas, el propósito del rito y a continuación untarlas con el aceite correspondiente antes de dárselas a su destinatario. Es aconsejable envolver la vela en papel blanco recortado en la forma de un triángulo antes de ser encendida.

En los ritos descritos a continuación se trabaja con figuras, velas, incienso y aceites para untar. Aunque es costumbre emplear las primeras en las prácticas mágicas, poco se ha escrito sobre ello. Si la idea de utilizar los muñecos le atrae más, son ideales para este fin los rituales que detallo a continuación:

## Para fomentar el matrimonio

Es mejor empezar este rito en un viernes en época de luna creciente.

Se ha de disponer de:

**1–** Dos figuras de trapo para representar los futuros novios.

**2–** Siete velas rojas de hierbas matrimoniales, las cuales se untarán con aceite de fidelidad.

**3–** Dos velas naranjas untadas con aceite de valor.

**4–** Una mezcla para rociar, compuesta de dos partes de polvo para atraer el amor y una parte de azahar.

**5–** Incienso para atraer el amor.

**6–** Cinta roja de 21 pulgadas de largo.

**7–** Un trozo de lino blanco.

## Nota

En este rito sería apropiado vestir las figuras en galas nupciales.

| Flores | Vela del altar | Vela del altar | Flores |
|---|---|---|---|
| | Pebetero | | |
| | VELA ROJA | | |
| VELA ROJA | 1 | | VELA ROJA |
| 4 | | | 5 |
| VELA NARANJA | | VELA NARANJA | |
| 2 | | 3 | |
| VELA ROJA | | VELA ROJA | |
| 6 | | 7 | |
| VELA ROJA | | VELA ROJA | |
| 8 | | 9 | |
| | | Agua bendita | |

**1–** Se ejecutan los pasos desde el 1 hasta el 5, tal y como fueron descritos en ‹‹Los Preliminares del Rito››. Se coloca la vela de hierbas para el desarrollo espiritual y psíquico encima del agua bendita.

**2–** Con la cinta roja se atan las manos de cada figura de forma tal que aquellas se abracen. El resto de la cinta se ata por la cintura de ambas figuras con el fin de sujetarlas firmemente a la vez que se entona:

> *Vuestras relaciones toman otros cariz. Ya que ahora la idea del matrimonio se apodera de vuestras mentes (nombre de la novia) y (nombre del novio), anheláis que se acerque el día de vuestra boda, el día de vuestra boda deseáis ansiosamente tomar vuestros votos para estar juntos cumpliendo vuestro destino.*

Se colocan las figuras atadas en el centro del círculo de velas sobre el cuadro de lino blanco.

**3–** Se enciende la vela roja del matrimonio (1) y luego se entona:

> *Se celebrará un matrimonio entre estos dos (nombre) y (nombre). Su amor es verdadero. Tal y como juran ser como uno y enfrentarse con su nuevo destino.*

**4–** Se enciende la vela naranja (2) a la vez que se luego se afirma:

> *Nuevo ánimo viene a ti (nombre del novio), tu familia y amigos desean verte casado con (nombre de la novia) felizmente.*

**5–** Se enciende la vela naranja (1), y se afirma:

> *Nuevo ánimo viene a ti (nombre de la novia), tu familia y tus amigos desean verte casado con (nombre del novio) felizmente.*

**6–** Se rocía parte de la mezcla para embadurnar sobre las figuras a la vez que se entona:

*Vuestras relaciones toman otros cariz. Ya que ahora la idea del matrimonio se apodera de vuestras mentes (nombre de la novia) y (nombre del novio), anheláis que se acerque el día de vuestra boda, el día de vuestra boda deseáis ansiosamente tomar vuestros votos para estar juntos cumpliendo vuestro destino.*

**7–** Se deja arder durante unos minutos las velas a medida que se visualiza mentalmente a la pareja intercambiando sus votos matrimoniales.

**8–** Se apagan las velas en el orden inverso en que fueron encendidas. Se repite esta ceremonia cada viernes, utilizando las velas rojas número 1 y 4. En el tercer viernes se encienden las velas 1, 4 y 5, y así sucesivamente.

**9–** Al finalizar en el último día el rito, las figuras serán envueltas en lino blanco y presentadas a su destinatario, el cual ha de guardarlas en lugar seguro.

## Para poner fin a la interferencia ajena

El propósito de este rito es impedir que una persona se inmiscuya en los asuntos de otro.

Se ha de disponer de:

**1–** Una figura de trapo para representar a la persona que se inmiscuye.

**2–** Una vela gris untada con aceite de poder.

**3–** Una mezcla para espolvorear, compuesta de partes iguales de asafétida, raíz de cálamo, tierra de un cementerio.

**4–** Incienso «bon voyage».

## Nota

Escriba en un papel: ‹‹(nombre) ha dejado por completo de inmiscuirse con (nombre de la persona o situación) o de cualquier otro mensaje en este sentido. Este rito también sirve para impedir la propagación de rumores o la divulgación de un secreto. En este caso se cose la boca de la figura y se agrega ulmus fulva (olmo con propiedades medicinales) a la mezcla››.

1– En el altar, se sujetan las manos de la figura hacia atrás. Una vez terminada esta operación, se coloca la figura de espaldas en un rincón de la habitación.

2– Se coloca la vela gris encima del trozo de papel directamente enfrente de la figura. Se enciende la vela y se repite exactamente lo que hayas escrito en el papel.

3– Se entonan las siguientes palabras a medida que embadurnas parte de la mezcla sobre el muñeco:

*Estás de espaldas en el rincón, tus manos están atadas. Así no tienes más remedio que apartarte (nombre de la persona que se inmiscuye) ya no interfieras más con (nombre de la persona o situación) aquí descrito. No te queda más para hacer o decir y tu influencia se ha acabado. Se ha puesto fin a tus acciones y ya no piensas en (asunto o persona).*

4– Se deja arder la vela durante unos minutos a medida que se visualiza mentalmente cómo la persona ha dejado de inmiscuirse, o propagado rumores. Mientras la figura quede en el rincón, la persona de referencia no podrá interferir o chismorrear. Sigue quemando la vela diariamente hasta que se haya consumido.

## Nota

Algunos practicantes emplean en vez de una vela gris, una negra para este tipo de rito.

## *La delincuencia juvenil*

Hoy día, muchos adolescentes han sucumbido a las presiones de ciertos grupos indeseables, convirtiéndose así en delincuentes juveniles. Aunque la presión de una mayoría no es la única razón causante del crimen juvenil, muchas personas están de acuerdo en verlo como un factor primordial.

Se ha de disponer de los siguientes materiales:

**1–** Una figura de trapo que irá a representar al niño o al adolescente.

**2–** Incienso para apaciguar la ira.

**3–** Cuatro velas rojas untadas con el aceite del valor y del éxito.

**4–** Dos velas blancas untadas con aceite de poder.

**5–** Una vela rosa untada con aceite de amor.

**6–** Una vela azul pálida untada con aceite para atraer.

El altar será dispuesto como sigue:

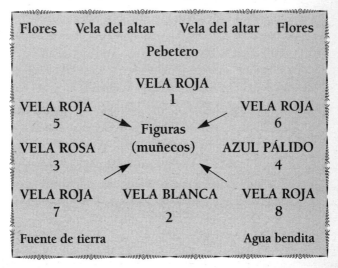

**1–** Se ejecutan los pasos desde el 1 hasta el 5 tal y como fueron descritos en ‹‹Los Preliminares del Rito››. Se coloca la vela de hierbas para el desarrollo espiritual y psíquico encima del agua bendita.

**2–** Se encienden las velas blancas 1 y 2, afirmando:

*Estas velas encendidas por mí simbolizan el estado espiritual, la fuente de vida de (nombre). Que esta fuente aumente el poder día a día, siempre guardando del mal a (nombre).*

**3–** Se enciende la vela roja afirmando:

*He aquí el amor que es su vida, él/ella conoce el amor, ya que se lo demuestran quienes le quieren.*

**4–** Se enciende la vela azul pálida, a la vez que se afirma:

*El entendimiento se le acerca, ya está aquí hoy mismo, pues él/ella es sabio/a y ahora verá cuando los demás le manipulen. A este niño no será posible jamás engañarle, atontarle o corromperle.*

**5–** Se encienden las velas rojas 5, 6, 7 y 8 afirmando:

*Los padres hicieron lo que pudieron para enseñar a este niño el bien y el mal, pero aquí es él quien más fuerza va a necesitar para seguir su consciencia en la vida diaria. Líder será y no seguidor en hacer lo que bien esté para la humanidad.*

**6–** Se dejan arder las velas unos minutos a medida que se visualiza al niño aportando beneficios y ayudas a los demás, o dando la espalda al mal, afirmando:

*La fuerza y el valor se han colocado a tu lado, para resistir la influencia de quienes desean tentarte negativamente. Para el bien vivirás, para el bien te esforzarás, te enorgullecerás de tu buen nombre, únicamente el bien acapara tu vista. Un líder serás, ningún seguidor en hacer lo que bien esté para la humanidad.*

**7–** Deje arder las velas unos minutos más antes de apagarlas en el orden inverso en el cual fueron encendidas. Se repite diariamente el rito, desplazando dos centímetros o más las velas hacia la figura, hasta que las velas números 5, 6, 7 y 8 se encuentren a una distancia de ocho centímetros de ella. Se envuelve la figura en lino blanco y se le entrega a los padres del niño para su colocación en un lugar seguro.

## *Para vencer a las adicciones* ⎯⎯⎯

Muchas personas desean dejar para siempre el tabaco, las drogas y el alcohol y también el comer en exceso. Para estos casos se ha de disponer de los siguientes materiales:

**1–** Una figura de trapo que represente la persona adicta.

**2–** Cuatro velas blancas.

**3–** Cuatro velas negras.

**4–** Tierra de un cementerio.*

**5–** Incienso para incrementar la fama.

**6–** Un frasco de aceite de valor.

**7–** Un frasco de aceite para atraer la salud.

En este rito, las velas negras simbolizan la mala costumbre o adicción de la que se quiere liberar. Jamás representan la idea de hacer daño a otra persona. En vez de untarlas, se deben espolvorear con tierra de cementerio.

**1–** Se ejecutan los pasos desde el uno hasta el cinco, tal y como fueron descritos en los ‹‹Preliminares del Rito››. Se coloca la vela de hierbas para el desarrollo espiritual y psíquico encima del agua bendita.

**2–** Se encienden las velas 1 y 2, afirmando:

> *Aquí está representada una adicción de (nombre de la adicción). Es el deseo firme de (nombre de la persona) por vencerla. En este momento la mala costumbre se está debilitando y nunca más aparecerá en su vida.*

---

* En Louisiana se refiere a la tierra acumulada en las tumbas al aire libre.

**3–** Se encienden las velas blancas 3, 4, 5, y 6 las cuales han sido untadas con el aceite de valor, de nuevo afirmando:

> *La fuerza espiritual se pone a tu lado, una firme fe reside dentro de ti. Vencedor serás, la victoria sobre este enemigo tendrás.*

**4–** Se encienden las velas rojas 7 y 8, las cuales han sido untadas previamente con el aceite para atraer la salud, a la vez que se afirma:

> *Más fuerte todavía se pone a tu lado como el víctor alto te elevarás. En tu buena salud verás que habrás vencido.*

**5–** Se dejan arder las velas durante unos momentos y a continuación se entonan las siguientes palabras:

> *La victoria está asegurada. Has hecho tu parte al conquistar el enemigo, pues ya está verdaderamente libre de la mala costumbre de antaño.*

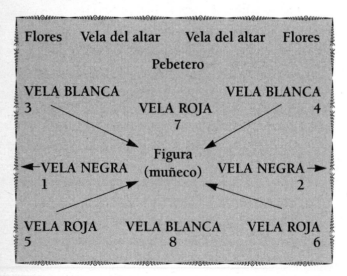

**6–** Se visualiza mentalmente a esta persona totalmente libre de su adicción y a continuación se apagan las velas negras. Se repite el cántico y después se apagan las velas restantes en el orden inverso en el cual fueron encendidas. Se repite cada tres días este rito, desplazando las velas indicadas hasta estar satisfecho.

## Nota

La época de luna menguante es el mejor momento para efectuar el rito de abolición de malas costumbres en la vida propia o en la de otra persona.

## *Para obtener el amor de otro*

Se ha de disponer de los siguientes materiales:

**1–** Una figura de arcilla para representar a la persona solicitante del rito.

**2–** Una figura de arcilla para representar la persona objeto del amor.

**3–** Dos velas rojas.

**4–** Dos velas amarillas.

**5–** Una vela naranja.

**6–** Una pareja de piedras de imán.

**7–** Un frasco de aceite de atracción.

**8–** Un frasco de aceite de amor.

**9–** Un frasco de aceite de valor.

**10–**Incienso para atraer el amor.

## Nota

Sobre una vela roja se escribe ‹‹el amor creciente de (nombre) hacia (nombre)››. A continuación se unta la vela con aceite de amor, y se ata con hilo rojo a la espalda de la figura, la cual representa al solicitante. Sobre la otra vela roja se escribe «‹el amor creciente de (nombre) hacia (nombre)›». Se unta la vela con aceite de amor y se ata a la espalda de la otra figura.

Se untan las velas amarillas con aceite de atracción y la vela naranja con aceite de valor. La disposición del altar es como sigue en la siguiente página.

**1–** Se ejecutan los pasos desde el uno hasta el cinco tal y como fueron descritos en «‹Preliminares del Rito›». La vela de hierbas para el desarrollo espiritual y psíquico se coloca encima del agua bendita.

**2–** Se enciende la vela roja 1, afirmando:

> *Dentro de (nombre del solicitante) crece el amor,*
> *un amor que es fuerte, un amor que se verá.*

| | | | |
|---|---|---|---|
| **Flores** | **Vela del altar** | **Vela del altar** | **Flores** |
| | **Pebetero** | | |
| **VELA AMARILLA 1** | | | |
| **Piedra de imán** | | | |
| **VELA ROJA 1** | **VELA ROJA 2** | **VELA NARANJA** | |
| **Figura del solicitante** | ⟵ | **Otra figura** | |
| **Piedra de imán** | | | |
| **VELA AMARILLA 2** | | | |
| | | **Libro** | **Agua bendita** |

**3–** Se enciende la vela roja 2, a la vez que se afirma:

> *En el corazón de (el otro nombre) se siembran las*
> *semillas del amor. A medida que crezca este amor*
> *(nombre del solicitante) lo reconocerá como suyo.*
> *Un amor que fuerte es, un amor que audaz es. Y*
> *en sus brazos desea abrazar (nombre).*

**4–** Se encienden las velas amarillas 1 y 2, afirmando:

*Poder atrayente a la derecha, poder atrayente a la izquierda, ayudan a traer hacia (nombre del solicitante) a la persona amada. Como la llama atrae a la polilla se acerca esta pareja a un amor no perdido.*

Se enciende la vela naranja, a la vez que se afirma:

*El ánimo se acerca (nombre de la otra persona) para descubrir el amor que (nombre) más no puedo esconder.*

**5–** En este momento se transmite la propia energía para fortalecer aún más el rito. Se mantienen las palmas de ambas manos hacia el altar, y se visualiza a la pareja enamorada y abrazándose. Reteniendo esta imagen mental, se ordena fluir la energía y se entona:

*El amor crece entre estos dos, sus corazones laten con amor verdadero. Sus pensamientos están en armonía y no pueden vivir separados. Se convierten estos dos en uno. Las llamas de pasión y anhelo arden constantemente en sus corazones y en uno se convertirán.*

Se repite este cántico tres, cinco, siete o nueve veces.

**6–** Se dejan arder las velas durante una hora y luego se apagan en el orden inverso en que fueron encendidas. Se repite diariamente, desplazando las velas rojas 2 y la figura cuatro o cinco centímetros hacia la vela roja 1, y al muñeco simbolizando al solicitante hasta rozarse ambas figuras. En el último día del rito las figuras se atan con cinta roja para ser después envueltas en lino blanco y presentadas al solicitante, quien las guarda en un lugar seguro.

**7–** El solicitante, en el supuesto de no ser uno mismo, quema diariamente una vela especial de hierbas de amor y afirma mientras la enciende: ‹‹Que el amado/a vea el verdadero amor sentido por él y venga a mi lado››. Si la persona solicitante es un hombre, debe leer el capítulo 6 en el Canto de Salomón, mientras que una mujer lee el capítulo 8, de manera alterna. El baño ritual diario consta de lo siguiente: una cucharada de sal bendita a la cual se han agregado nueve gotas de aceite de seducción y siete de aceite de amor. Es importante también, al tomar este baño, el concentrarse al máximo en el individuo amado. Una vez terminado el baño ritual, se rocian polvos sobre el cuello y el pecho, para atraer el amor. Apague la vela.

## *Para desarrollar el entendimiento*

Este rito precisa de los siguientes materiales:

**1–** Una figura de arcilla para representar al solicitante.

**2–** Una vela amarilla.

**3–** Dos velas azul pálida.

**4–** Un frasco de aceite de atracción.

**5–** Un frasco de aceite de éxito.

**6–** Incienso aura de encantamiento.

La vela amarilla representa el deseo del solicitante para desarrollar su facultad hacia el estudio. La naturaleza de estos estudios, científicos, lingística, etc., se escribe sobre la vela, la cual, a continuación, es atada a la espalda de la figura. La vela amarilla se unta con aceite de atracción y la vela azul pálida con aceite de éxito.

La disposición del altar es como sigue:

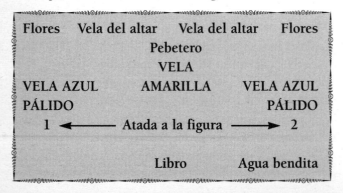

| Flores | Vela del altar | Vela del altar | Flores |
|---|---|---|---|
| | Pebetero | | |
| | VELA | | |
| VELA AZUL | AMARILLA | VELA AZUL | |
| PÁLIDO | | PÁLIDO | |
| 1 ◄——— Atada a la figura ———► 2 | | | |
| | Libro | Agua bendita | |

**1–** Se ejecutan los pasos del uno al cinco tal y como fueron descritos en los ‹‹Preliminares del Rito››. Se coloca la vela de hierbas para el desarrollo espiritual y psíquico encima del agua bendita.

**2–** Se enciende la vela amarilla afirmando:

*Aquí es un lugar donde se precisa del entendimiento. Pronto (nombre del solicitante) comprenderás todo lo que sea relacionado con este (material o situación) donde es menester la comprensión.*

**3–** Se encienden las velas azul pálidas números 1 y 2, en este orden, a la vez que se afirma:

*Luz del conocimiento arroja tu luz por aquí, expulsa la ignorancia de hoy. A medida que aprendemos, entendemos con cada día la verdad escondida (nombre) estaba ciego pero ahora veo que se acerca el entendimiento.*

Se medita durante unos segundos sobre el solicitante, visualizando a éste, esforzándose para adquirir un mayor entendimiento. A continuación se repite la afirmación arriba citada. Se medita algunos segundos más sobre el solicitante y se repite por tercera vez la afirmación.

**4–** Las velas se dejan arder durante una hora. Se apagan en el orden inverso en el cual fueron encendidas. Diariamente se repite, desplazando las velas azul pálidas 1 y 2, cuatro o cinco centímetros hacia la vela amarilla y a la figura simbolizante de la persona hasta rozarse las velas.

**5–** El solicitante del rito, en el supuesto de no ser el mismo, debe quemar una vela de hierbas especial para el entendimiento, afirmando al mismo tiempo: ‹‹Que esta llama simbolice mi creciente entendimiento (de lo que se desea entender)››. Se puede recitar el Salmo 133 en forma alternada. Se agrega al baño ritual una cucharada de sal bendita y nueve gotas de aceite de atracción. También se quema diariamente incienso ‹‹aura de encantamiento››.

## Para obtener deseos

Este rito precisa de los siguientes materiales:

**1–** Una figura de arcilla para representar al solicitante.

**2–** Tres velas para simbolizar el deseo.

**3–** Dos velas malvas.

**4–** Cuatro velas rosas.

**5–** Un frasco de aceite de éxito.

**6–** Un frasco de aceite de poder.

**7–** Incienso (véase a continuación la variedad).

## Nota

Una vela que simbolice el deseo se ata a la espalda de la figura representativa del solicitante. Véase el diagrama del altar para la posición de las otras dos velas y su uso en el rito. El color de la vela varía de acuerdo con la naturaleza del deseo.

**Dinero:** Tres velas verdes benditas y untadas con aceite para atraer el dinero. Se quema también incienso ‹‹fuente de oro››.

**Felicidad:** Tres velas rosas untadas con aceite de felicidad. Se quema incienso ‹‹aura de encantamiento››.

**Buena suerte:** Tres velas benditas y untadas con aceite ‹‹vida afortunada››. Se quema incienso ‹‹oro de Lephrechaun›› (duende irlandés).

**Éxito:** Tres velas naranjas benditas y untadas con aceite de éxito. Se quema incienso ‹‹La Fama Creciente››.

**Salud:** Tres velas rojas benditas y untadas con aceite para atraer la salud. Se quema el incienso ‹‹La salud rebosante››.

**Prosperidad:** Tres velas verdes benditas y untadas con aceite de Éxito. Se quema incienso ‹‹La fama creciente››.

**Sueños afortunados:** Tres velas naranjas benditas y untadas con aceite del sueño. Se quema incienso ‹‹Sueños proféticos››.

**Fuerza espiritual:** Tres velas blancas benditas y untadas con aceite de poder. Se quema incienso ‹‹Aura de Encantamiento››.

En este rito las velas 2, 3 y 5 son bendecidas y untadas con aceite de éxito, mientras que las números 7 y 8 se bendicen y untan con aceite de poder.

| | | | |
|---|---|---|---|
| Flores | Vela del altar | Vela del altar | Flores |
| | Pebetero | | |
| | VELA MALVA 6 | | |
| VELA ROSA 2 | | VELA ROSA 3 | |
| VELA DEL DESEO 8 ← | VELA DEL DESEO 1 | → VELA DEL DESEO 9 | |
| | Figura | | |
| VELA ROSA 4 | VELA MALVA 7 | VELA ROSA 5 | |
| | Libro | Agua bendita | |

**1–** Se ejecutan los pasos del uno al cinco tal y como fueron explicados en los ‹‹Preliminares del Rito››. La vela especial de hierbas para el desarrollo espiritual y psíquico se coloca encima del agua bendita.

**2–** Se enciende la vela de deseo número 1, afirmando:

*Crece diariamente el deseo de (nombre) de tener (nombre del deseo). Pronto este deseo se manifestará en su vida.*

**3–** Se encienden las velas rosas números 2, 3, 4 y 5, y luego se afirma:

> *El honor y el temor te rodean diariamente a medida que utilizas para el bien tu vida. Pronto esta bendición será tuya y tu deseo se cumplirá.*

**4–** Se encienden las velas malva 6 y 7 a la vez que se afirma:

> *Lo que buscas también te busca a ti. He aquí el poder de la constancia. Para que el deseo (nombre del deseo) llegue a ti.*

**5–** Se encienden la velas del deseo números 8 y 9, afirmando:

> *(Nombre del deseo) ya se acerca incrementando cada vez más la fuerza. Pronto se cumplirá este deseo que será tuyo para siempre.*

**6–** Se visualiza mentalmente al solicitante esforzándose al máximo para obtener este deseo y también disfrutando de ello. Si de dinero se trata, se visualiza al solicitante con la suma requerida. Si la petición es por salud, visualiza en excelente salud al solicitante, etc. Cuando se tenga en la mente al solicitante, se colocan las palmas de ambas manos en dirección del altar y concentrándose, se entona:

> *La energía fluye libremente, aportando nueva fuerza. El éxito crece firmemente (nombre del deseo) se cumplirá rápidamente. (Nombre del deseo) se acerca, (nombre del deseo) perdura para siempre.*

**7–** Se dejan arder las velas durante media hora y se apagan en el orden inverso en que fueron encendidas. Se repite diariamente durante catorce días.

Segunda parte: Hay que procurar siempre que la persona interesada trabaje al lado durante estos ritos.

**Dinero:** Se quema una vela especial de hierbas asociadas con el dinero, la cual se unta con aceite para atraer el dinero. Cuando se encienda la vela se hace la siguiente afirmación: ‹‹Mis necesidades serán cubiertas de acuerdo con mi fe en Dios››. En forma alterna se puede leer el Salmo 41. Se agrega al baño ritual una cucharada de sal bendita y nueve gotas de aceite arriba mencionado. Se rocía diariamente sobre el cuello y el pecho polvos para atraer el dinero.

**Amor:** Se quema diariamente una vela especial de hierbas del amor, la cual se unta con aceite para atraer el amor. Cuando se enciende la vela se hace la siguiente afirmación: ‹‹Que el/la amado/a vea el verdadero amor sentido para él/ella y venga a mi lado››. En forma alterna, un hombre puede leer el capítulo 6 de la canción de Salomón y una mujer el capítulo 8. Se agrega al baño ritual una cucharada de sal bendita y nueve gotas de aceite de seducción. Rocíe sobre el cuello y pecho polvos para atraer el amor.

**Buena suerte:** Se quema diariamente una vela especial de hierbas para la suerte, la cual se unta con aceite ‹‹vida afortunada››. Al baño ritual se agrega cuatro gotas de aceite de poder. Se aplica al cuello y pecho, polvo para anular las maldiciones. Cuando se encienda la vela se hace la siguiente afirmación: ‹‹Que se arroje sobre mí la luz de la buena fortuna para ver un futuro más prometedor››. En forma alterna, se puede leer nueve veces el versículo II del Salmo 62.

**Éxito:** Se quema una vela especial de hierbas para el éxito, la cual es bendecida y untada con aceite de éxito. Cuando se enciende la vela se hace la siguiente afirmación: ‹‹Como conduzco mi vida por buen camino, lleno de la justicia de Dios, sé que el éxito vendrá a mí››. De manera alterna, se puede leer el Salmo 95. Al baño ritual se agrega una cucharada de sal bendita y nueve gotas de aceite de éxito. Sobre el cuello y pecho se aplica polvos para anular las maldiciones.

**Salud:** Se quema una vela especial de hierbas para la salud, la cual se unta con aceite para atraer la salud. Cuando se encienda la vela, se repite esta afirmación: ‹‹Que esta llama emita los rayos divinos curativos para restaurar a un estado de perfecta salud mi mente, cuerpo y alma››. De manera alterna se puede leer el Salmo 38 un día y el Salmo 23 al día siguiente, sucesivamente, hasta que se acabe el rito. Al baño se agrega una cucharada de sal bendita y nueve gotas de aceite para atraer la salud.

**Prosperidad:** Se quema una vela especial de hierbas para el éxito, la cual se unta con aceite de éxito. Se hace la siguiente afirmación: ‹‹Enciende el sendero que me conduzca a una vida próspera››. En forma alterna se puede leer el Salmo 41. Al baño ritual se agrega una cucharada de sal bendita y nueve gotas de aceite de éxito. Se aplica al cuello y pecho polvos para anular las maldiciones. También se lleva en el bolsillo una jalapa.

**Fuerza espiritual:** Se quema una vela especial de hierbas para el desarrollo espiritual y psíquico, la cual se unta con aceite para bendecir. Cuando se enciende la vela se hace la siguiente afirmación: ‹‹Que esta luz simbolice mi amor eterno en Dios. Tal y como viva de acuerdo con sus enseñanzas, ciertamente alcanzaré un nivel espiritual más elevado››. De manera alterna se puede leer el Salmo 23. Al baño se agrega una cucharada de sal bendita y nueve gotas de aceite de poder.

## Nota

Este rito ha de realizarse diariamente, desplazando las velas de deseo números 8 y 9 cuatro o cinco centímetros en dirección de las flechas hasta que rocen la vela del deseo número 1 y la figura.

## Para anular la maldición sobre otra persona

Este rito precisa de los siguientes materiales:

**1–** Una figura de arcilla para representar al solicitante.

**2–** velas blancas.

**3–** Una vela negra.

**4–** Tierra de un cementerio.

**5–** Un frasco de aceite para anular las maldiciones.

**6–** Incienso para anular las maldiciones.

**7–** Cuatro trozos de papel blanco con el nombre del individuo escrito sobre ellos.

Se untan con aceite las cuatro velas blancas, para anular las maldiciones. (Ver diagrama del altar más abajo). Puesto que la vela negra representa la condición adversa, no es ni bendecida, ni untada. Sobre esta misma vela se aplica la tierra de cementerio. Se colocan los cuatro trozos de papel blanco debajo de cada una de las velas blancas.

**1–** Se ejecutan los pasos desde el uno hasta el cinco tal y como fueron descritos en los ‹‹Preliminares del Rito››. Se coloca la vela de hierbas para el desarrollo espiritual y psíquico sobre el agua bendita.

**2–** Se aplica sobre la frente, garganta, corazón, por encima del ombligo y genitales de la figura, el aceite para anular las maldiciones, a medida que se entona:

> *La protección viene a ti este día, esta condición adversa ya no impera sobre ti y volverá a la persona quien te la envió.*

En el caso de no haber atado previamente a la espalda de la figura la vela negra, dicha operación se efectúa en este momento y a continuación ambos objetos se colocan en el centro de las cuatro velas blancas.

| Flores | Vela del altar | Vela del altar | Flores |
|--------|---------------|----------------|--------|
| | Pebetero | | |

**VELA BLANCA 1**                         **VELA BLANCA 2**

**VELA NEGRA**
Atada a la Figura

**VELA BLANCA 4**                         **VELA BLANCA 3**

Libro                    Agua bendita

Se enciende la vela negra, a la vez que se afirma:

*Una condición adversa rodea (nombre de la víctima) de la cual desea liberarse. Pronto se disipará esta energía atacante.*

**3–** Se encienden las cuatro velas blancas, a la vez que se afirma:

*Este fuego y este aceite harán lo que puedan para liberarte noche y día del norte, este, sur y oeste, disipando el mal que enviado te fue. Libre y feliz serás, presa nunca más de la energía atacante.*

**4–** Se apaga la vela negra, dejando arder las cuatro blancas durante una hora. En este intervalo visualiza al solicitante liberándose de la condición adversa, rodeado de una luz blanca. Se apagan las cuatro velas blancas en el orden inverso en el cual fueron encendidas. Se repite este rito diariamente durante siete días.

**5–** En alguna parte de la casa de la víctima, se encuentra o bien un saquito gris–gris confeccionado para el mal, o bien, una bola pequeña de conjuras. Esta última es básicamente lo mismo que el primero, con la diferencia de ser ésta, hecha de cera negra y cubierta de plumas negras. Siempre que la víctima se acerque al encantamiento, su aura recoge las vibraciones negativas emanadas del objeto y vinculadas mediante un rito para maldecirlo. Es, por tanto, de suma importancia que dicho conjuro se descubra a fin de evitar que la condición adversa sea iniciada de nuevo. Una vez hallado el conjuro se le coloca en un pequeño ataúd de madera.

6— Se cava, una pequeña fosa, en un lugar secreto dentro de un bosque; se rocía completamente con agua bendita y dentro de ella, a continuación, se coloca el ataúd con su contenido maléfico. Se vierte una pequeña cantidad de gasolina sobre la fosa incendiándola. A medida que arde el ataúd, se entona:

> *Consumido por esta llama poderosa no imperará más tu mal. Todas las cosas tocan a su fin, y ahora tu víctima sonríe nuevamente. Como (nombre del individuo) empieza de nuevo su vida, no puedes dañarle más. A ti te envío a un lugar de reposo, mientras a tu víctima le es destinada la mejor vida.*

A la terminación de cada línea se echa amoníaco al fuego. Cuando éste se haya extinguido, se tapa la fosa y al salir del lugar, no se debe mirar hacia atrás.

7— Al cabo de los siete días, la figura se envuelve en lino blanco y es presentada, a la persona quien la haya solicitado, para guardar en un lugar seguro.

El solicitante debe hacer lo siguiente:

1— Se quema diariamente, durante una hora, una vela especial de hierbas para anular las maldiciones, la cual se unta y bendice con aceite del mismo tipo.

2— Al baño se agrega una cucharada de sal bendita y nueve gotas de aceite arriba mencionado.

3— Cuando friegue su casa, agregue al agua esencia Louisiana de la solución ‹‹Van Van›› y se frotan con mucho cuidado los pisos y peldaños de la entrada.

Se ha de preparar esta solución para el solicitante.

**1–** Cuatro onzas de agua.

**2–** Cuatro onzas de vinagre.

**3–** Dos cucharadas de sal bendita.

**4–** Una cucharada de jalapa en polvo.

**5–** Una cucharada de hojas de laurel en polvo.

**6–** Una cucharada de cincoenrama.

Esta mezcla se divide en dos partes. Se echa una parte en todos los rincones de la casa mientras que la otra mitad se divide de nuevo en dos. De esta división, una parte se coloca en la puerta principal y la otra en la puerta de atrás.

Se deja una hoja de laurel en cada rincón a fin de dificultar nuevos ataques y de anular cualquier vibración negativa que pudiera adherirse al hogar.

## El hogar

Si se va a mudar a un nuevo hogar o incluso a un apartamento en un edificio viejo, o a un local nuevo, es siempre conveniente limpiar la zona de cualquier vibración negativa dejada por anteriores inquilinos o por obreros descontentos. El aura en todos los edificios ha sido moldeado siempre por los pensamientos y emociones de quienes han pasado mucho tiempo dentro de sus murallas. Hoy día, después de una jornada atareada y acelerada, todo hombre o mujer, desea volver a un hogar tranquilo y lleno de amor. También se puede disfrutar de un ambiente apacible y afectuoso si se expulsa del aura de la casa, las vibraciones negativas.

Describimos este proceso como ‹‹Purificar un hogar››, y se le puede utilizar también, para anular las vibraciones negativas en un negocio.

**1–** Se abren todas las puertas y ventanas de la casa o el edificio.

**2–** Se friega cuidadosamente los pisos con la siguiente solución:

- 1 onza de aceite de Louisiana ‹‹Van Van››.
- ¼ de taza de amoniaco.
- 1 cucharada de sal marina bendita por cada cubo de agua utilizado.

**3–** Al terminar de fregar, se mezcla la siguiente solución:

- 4 onzas de agua.
- 4 onzas de vinagre de sidra.
- 1 cucharada de sal marina bendita.
- 1 cucharada de jalapa.
- 1 cucharada de hojas de laurel en polvo.
- 1 cucharada de hojas de romero en polvo.

Esta mezcla se divide en dos partes. La mitad se echa en todos los rincones del hogar, a medida que se entona un conjuro o se reza para que la energía psíquica negativa desaparezca. La otra parte de la mezcla se divide en dos y es distribuida en dos frascos o tazas. Un recipiente se deposita en la puerta principal y el otro en la puerta trasera.

**4–** Al acabar la operación, se rocía con incienso ‹‹Le diable s'en va›› todos los rincones de la casa, a medida que se entona un conjuro o se reza para hacer desaparecer las vibraciones negativas.

Al purificar el aura del hogar, es posible desear hacer algo para reducir al máximo las frustraciones, discusiones y conflictos de sus miembros. En este caso, se prepara como de costumbre el altar con estos materiales:

- Incienso para apaciguar la ira.
- Tres velas rosas untadas con aceite de amor.
- Un trozo de papel blanco donde se escribe el nombre de un miembro de la familia. Si ésta consta de cuatro miembros, se emplean cuatro trozos de papel respectivamente.

La disposición del altar sufre un cambio solamente. El pebetero se coloca en el centro del altar. Las tres velas rosas untadas con aceite de amor se situan en la forma de un triángulo isósceles alrededor del pebetero.

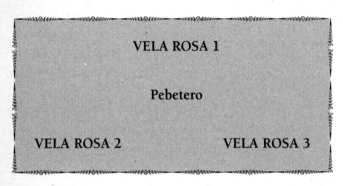

**VELA ROSA 1**

**Pebetero**

**VELA ROSA 2**   **VELA ROSA 3**

**1–** Se ejecutan los pasos desde el uno hasta el cinco tal y como fueron descritos en los ‹‹Preliminares del Rito››. Se coloca la vela especial de hierbas para el desarrollo espiritual y psíquico encima del agua bendita.

**2–** Se encienden las velas rosas 1, 2 y 3, en este orden, a la vez que se entona:

*Fuegos de amor ardiendo intensamente, infundid esta noche dentro de nuestros corazones un amor verdadero, un amor justo. Que será siempre dispuesto a ayudar a un asunto recto.*

Se sigue entonando tres, cinco, siete o nueve veces.

**3–** En este momento del rito, se coge un trozo de papel sobre el cual se haya escrito antes el nombre del miembro de la familia y se coloca en el pebetero a medida que se canta:

*La paz y el amor son conocidos por ti, dentro del hogar aportas tu la armonía. No demuestres pensamientos iracundos a los que te quieren tanto. La paz y el amor serán conocidos por ti a medida que luches por la armonía.*

Cuando el papel se haya quemado por completo, se echa la cuarta parte de una cucharita de incienso sobre el pebetero, para apaciguar la ira. Se continúa entonando y quemando el siguiente trozo de papel hasta quemarlos todos. Se encuentra que la ejecución de este rito, una vez al mes, mejora notablemente la armonía y cooperación dentro de la familia. Recuerde: una casa dividida no resiste.

## Para evitar la violencia doméstica

Se ha de disponer de los siguientes materiales:

**1–** Una pequeña jarra con tapón de rosca (las jarras de especies son idóneas), la cual simboliza el hogar.

**2–** Un trozo de estopilla recortada en forma de corazón.

**3–** Agujas de coser flamantes –una para cada miembro de la familia–.

**4–** Mechones de cabello de todos los miembros de la familia.

**5–** Una mezcla de dos onzas compuesta de partes iguales de miel y vino dulce.

**6–** Un cuarto de cucharadita de las siguientes hierbas: Verbena, pasiflora, rodimenia, un trozo de jalapa.

**7–** Incienso para apaciguar la ira.

**8–** Dos velas rosas.

**9–** Dos velas azul pálidas.

**10–**Una vela roja.

## Nota

Como las agujas simbolizan a cada miembro de la familia, el mechón de cabello correspondiente a cada uno se introduce en la aguja apropiada. Se nombra y consagra cada aguja de acuerdo con las instrucciones en el paso 4 del rito para la consagración de la figura.

**Un último aviso:** Se sujeta bien a la aguja el mechón de cabello enhebrado, a fin de evitar que salga del agujero.

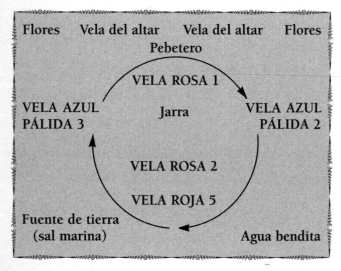

1– Se ejecutan los pasos del uno al cinco tal y como fueron descritos en los ‹‹Preliminares del Rito››. Se coloca la vela especial para el desarrollo espiritual y psíquico encima del agua bendita.

2– Se coge una de las agujas y se sujeta al corazón recortado de tela roja. Se coloca el corazón dentro de la jarra.

3– Se introducen las hierbas dentro de la jarra, vertiendo sobre ellas, la mezcla de miel o vino, hasta estar lleno el recipiente.

Si se desea, se pueden entonar las siguientes palabras al realizar los pasos 2 y 3:

*En paz y amor, se encontrará la familia, viviendo juntos en armonía. En paz y amor como debe ser, cada miembro lucha por la armonía. El hogar será un paraíso de amor, ya que todos buscan la armonía.*

**4–** Se encienden las velas rosas 1 y 2 a la vez que se afirma:

*Amor, arroja de lo alto tu luz, haz de este hogar un paraíso de amor. Todos para uno y uno para todos, es el emblema para este hogar de amor. Vemos llenos de amor estos corazones, ocupándose constantemente de cada uno. Siempre dispuesto para hacer el bien, nunca a dañar o con el otro luchar. Amor, arroja de lo alto tu luz, haz de este hogar un paraíso de amor.*

**5–** Se encienden las velas azul pálidas 3 y 4, a la vez que se afirma:

*La paz y el amor son conocidos por ti, en tu lucha diaria por la armonía.*

Trabajan todos juntos constantemente dentro del hogar, viviendo apaciblemente. La paz y el amor son conocidos por ti, ya que todos buscan la armonía.

**6–** Se enciende la vela roja, afirmando:

*He aquí la fuerza venida al hogar para fortalecer los vínculos del amor demostrado. Para vivir apaciblemente todos trabajan afanosamente, para hacer de esta casa un hogar.*

Se dejan arder las velas durante unos minutos. Este rito se realiza diariamente, desplazándose la vela roja 7 1/2 centímetros de las dos velas rosas y las dos velas azul pálidas, en sentido de las agujas del reloj, alrededor de la jarra, hasta volver la vela roja a su posición original, debajo de la vela rosa número 2.

**7–** Al terminar el rito, se coloca de nuevo el tapón sobre la jarra y se guarda ésta en un lugar seguro, bien dentro del hogar o sobre el altar, o en el lugar de las oraciones diarias.

## El negocio próspero

¿Está pensando en fundar un negocio propio? ¿Se ha estancado el negocio por la situación económica? ¿Hay demasiada competencia? Siempre se quieren proteger las inversiones de tiempo y dinero y se puede conseguir si se actúa de acuerdo a las siguientes instrucciones. Ante todo, será necesario purificar el lugar del negocio de toda vibración negativa. Esto se hace mediante el mismo rito empleado para ‹‹Purificar el hogar››.

Se reúnen los siguientes materiales el jueves, ya que este día es representado por Júpiter, quien en época de luna creciente, rige los éxitos en la profesión:

**1–** Una vela amarilla untada con aceite de atracción.

**2–** Una vela verde untada con aceite de éxito.

**3–** Una vela malva untada con aceite de éxito.

**4–** Un cuarto de onza de cada uno de los siguientes ingredientes: Camomila, albahaca, perejil y peonía.

**5–** Una pareja de piedras de imán.

**6–** Jalapa.

**7–** Dinero de moneda y billete.

**8–** Un trozo de lechera.

**9–** Menta.

Se ponen los ingredientes 5, 6, 7, 8, y 9 dentro de un recipiente pequeño. En un rincón del negocio, poco frecuentado, se coloca una mesa pequeña sobre la cual, de acuerdo con el siguiente diagrama, se ponen las velas y el recipiente lleno.

```
┌─────────────────────────────────────────┐
│           VELA AMARILLA                  │
│                                          │
│  VELA MALVA              VELA VERDE       │
│                                          │
│                PLATO                     │
└─────────────────────────────────────────┘
```

**1–** Se enciende la vela amarilla a medida que se entona:

*Se acrecienta el aura de atracción, la gente vendrá durante todo el día a este lugar, sus necesidades cubiertas en armonía con nuestra voluntad. Aquí la atracción está bien cimentada, ya que la gente viene a todas horas.*

**2–** Se enciende la vela verde a la vez que se entona:

*Creciendo, creciendo, firmemente, todos ven prosperar este negocio, creciendo, creciendo, firmemente, este negocio prospera.*

**3–** Se enciende la vela roja a medida que se entona:

*De todos los lugares existentes, es éste el que con más prosperidad rebosa. Trabajando cada día con alegría, para el progreso visto claramente.*

**4–** Dejar arder las velas mientras se empieza a emplear la solución para atraer el negocio. Al hacer y utilizar esta solución, se debe entonar:

*Tenemos muchos clientes, y otros esperan. Aquí la gente se sabe bien tratada, con respeto y mucho esmero. Y ahora se apresuran para venir aquí, estos clientes a quienes tanto apreciamos.*

**5–** Las velas se queman durante una hora y luego se apagan en el orden inverso en el que fueron encendidas. Este rito se repite cada jueves, durante la época de luna creciente.

**Sugerencia:** Es aconsejable agregar a la fuente, algunas figuras de juguete, para representar a las personas a quienes se desea atraer al negocio.

# IV

# El mal de ojo

El mal de ojo, también llamado, la mirada de malicia, ha sido conocido por todas las civilizaciones. Los celtas creían que quienes la poseían, con una sola mirada podían arrasar cosechas enteras o provocar la falta de leche en las vacas. Al enfermar una persona o animal doméstico o de granja, se sospecha del mal de ojo.

El mal de ojo es tan común hoy, como lo era hace siglos. De hecho, lo emplean muchas personas sin saberlo. En la traducción de la Biblia realizada en el reinado de Jacobo VI de Inglaterra (principios del siglo XVII) se lee en el evangelio de San Marcos 7, 22–25, que el mal de ojo emana del corazón del hombre y ensucia al hombre, probablemente porque tiene sus raíces en la envidia, los celos y sentido de la posesión, todas ellas emociones negativas.

Existe una vieja creencia según la cual, los ojos emiten rayos de energía. La fuerza de esta energía varía de unos pueblos a otros. Por tanto, la mirada de malicia es transmitida a otro, cuando la energía disparada por los ojos, es cargada por una de las tres emociones arriba mencionadas. Nadie está totalmente libre del mal de ojo, al afectar esta energía negativa a las personas, animales y objetos. Se entra constantemente en contacto con quienes pueden tener envidia de nuestra buena suerte. Un compañero de trabajo puede sentir celos, porque sus compañeros suben, mientras él se queda estancado.

Los sentidos normales de tacto, sabor, olfato y audición, no están programados para captar en una etapa temprana, las transmisiones del mal de ojo. Solamente, después de varios ataques, la mente consciente, se da cuenta de un mal funcionamiento. Los síntomas más comunes asociados con la mirada de malicia, son las enfermedades menores, incluso entonces, no es fácil detectar la influencia negativa al no sospechar la verdadera causa. Unicamente aquellas personas adiestradas en mirar el aura, pueden ver los efectos del mal, antes de producirse las enfermedades menores. Si no se presta atención a éstos síntomas, en la víctima se desarrolla una propensión para los accidentes y termina lesionándose.

El tratamiento contra el mal de ojo consta de dos partes. Es sencillo y eficaz a la vez. Primero se toma un baño purificante para anular la energía recogida por el aura, y segundo, se porta el amuleto de los huesos cruzados para protegerse contra los ataques futuros.

## El baño

Llenar la bañera hasta la mitad con agua caliente. Se agrega una cucharada de sal marina bendita y otra de amoníaco. Cuando se entre en la bañera, se lleva un pequeño recipiente para verter el agua sobre sí. A medida que se echa esta agua sobre el cuerpo, se imagina al aura lavándose de toda la energía negativa. Al terminar este proceso, se imagina una luz blanca inundando el cuerpo de los pies a la cabeza. Se deja que esta luz emane del cuerpo para formar alrededor de la cabeza y debajo de los pies un radio de un metro. Mientras se esté en el baño, se debe sumergir por completo, cada tres minutos. Esta purificación del aura debe durar nueve minutos y consta de tres inmersiones. Al salir del baño, se puede secar la cabeza, pero se debe secar sobre la piel el agua del baño. De esta forma el efecto purificante dura unas 24 horas.

## El amuleto de los huesos cruzados

Este amuleto se hace delante del altar. Consiste en dos huesos pequeños de las alas de un pollo, los cuales absorben y retienen la negatividad. Se sujetan con un hilo negro, de modo que formen una cruz solar, o dicho de otra manera, una cruz cuyas partes tienen iguales dimensiones. Se adopta el procedimiento siguiente:

El altar estará dispuesto como de costumbre y se aportan los artículos detallados a continuación: dos huesos, hilo negro, una vela blanca, un frasco de aceite de poder, incienso ‹‹gris–gris faible››.

**1–** Se encienden las velas del altar.

**2–** Se enciende el incienso.

**3–** Se enciende la vela blanca, la cual ha sido untada con el aceite de poder. Se reza para que el individuo destinado a llevar el amuleto adquiera más fuerza espiritual e iluminación.

**4–** Se empieza a atar, con el hilo negro, los dos huesos a la vez que se entona:

*Los huesos cruzados operarán aquí, absorbiendo y retveniendo lo negativo. Dentro de su médula penetran todo el mal y lo negativo.*

**5–** Se consagra con agua bendita el amuleto, afirmando:

*Con agua este amuleto consagro como instrumento que absorberá y retendrá la energía negativa enviada a su dueño.*

Se embadurna con sal el amuleto, afirmando:

*Con tierra consagro este amuleto como instrumen-*
*to que absorberá y retendrá la energía negativa*
*enviada a su dueño.*

Pasar el amuleto por la llama de la vela a la vez que
se afirma:

*Con fuego este amuleto consagro como instrumen-*
*to que absorberá y retendrá la energía negativa*
*enviada a su dueño.*

Pasar el amuleto por el incienso, afirmando:

*Con aire este amuleto consagro como instrumento*
*que absorberá y retendrá la energía negativa*
*enviada a su dueño.*

El amuleto debe llevarse junto a la piel y por encima del
corazón. Ha de quitarse únicamente cuando note que
pese sobre el ‹‹chakra›› del corazón. Esto significa, que
los huesos, como la esponja con el agua, han absorbido
la máxima energía posible; no pudiendo penetrar el
exceso en ellos, ataca el aura, al verse sin otra salida. Al
ser retirado del cuerpo el amuleto, es necesario desha-
cerse por completo de él. El método más seguro para
este propósito, es un rito apropiado.

## ¿Cómo deshacerse de un viejo amuleto?

El altar será dispuesto como de costumbre y se aportan los
siguientes materiales: el amuleto viejo, el resto de la vela blanca empleada al hacer el amuleto y un trozo de papel blanco.

**1–** Se encienden las velas del altar.

**2–** Se enciende el incienso (se recomienda ‹‹aura de encantamiento››).

**3–** Se enciende la vela blanca.

**4–** Rociar con agua bendita el papel blanco.

**5–** Poner sobre el papel los huesos y empezar a envol-
verlos en él.

**6–** Se coge la vela blanca dejando caer la cera sobre el papel hasta que esté completamente lacrado, a medida que se afirma:

*Huesos cruzados bien me habéis servido. Estáis hinchados de energía negativa, es hora de que descanséis, ya habéis hecho vuestra parte.*

Cuando el papel esté completamente cubierto con cera puede ser depositado en el cubo de la basura. A continuación se toma un baño.

# V

# *Encantamientos populares & misceláneas*

### *Para controlar a otro*

Se unta con aceite de jalapa un trozo de la misma planta. Se escribir sobre un trozo de papel marrón el nombre de la persona a quien se desea controlar/conquistar y se remoja con aceite para vencer. Al secarse el papel, se envuelve alrededor de la jalapa y se sujeta con hilo malva.

### *Para vincular al amante*

Se coge un espejo pequeño en el cual se ha contemplado el amante. Sin mirar dentro del cristal, se rompe bien en el patio o dentro de una maceta que se tenga en el hogar. Todos los viernes se rocía este lugar con infusión de nardo, a la vez que se repite el nombre del amante.

### *Para provocar la partida del enemigo*

En una jarra pequeña se introduce un trozo de papel en el cual se ha escrito nueve veces el nombre del enemigo. Se llena esta jarra con vinagre ‹‹cuatro ladrones›› y se tira a un río.

## Para conseguir el amor de un hombre —

Es una tradición entre ciertas mujeres, el mezclar su sangre menstrual en la comida del hombre amado.

## Para vencer a un enemigo —

Se escribe tres veces sobre una vela marrón, el nombre del enemigo. Se coloca la vela dentro de un recipiente lleno de azúcar moreno. Se enciende la vela haciendo esta afirmación: ‹‹Venceré tu hostilidad. Dentro de nueve días tu amistad será mía››. Se realiza este acto antes de acostarse, dejando extinguir la vela durante el sueño. Al día siguiente, se echan al patio del enemigo, los restos de la cera y del azúcar. Esta ceremonia se repite sin interrupción durante nueve días consecutivos.

## Operaciones con lámparas mágicas —

Para propósitos mágicos se usa la lámpara tipo faro o la de queroseno. Al igual que los saquitos gris–gris, las lámparas mágicas tienen muchos usos. El combustible básico es una mezcla de aceite de ricino, aceite de oliva y queroseno. Se emplean dos terceras partes de queroseno y una tercera parte del aceite. A esta preparación básica se agregan otros ingredientes de acuerdo con la naturaleza de la operación. Estos pueden constar de piedras de imán, esencias, hierbas, pimienta, vino tinto, etc.

Cuando están bien hechas las lámparas aportan excelentes resultados. No se debe dejar de rezar cuando llene la lámpara de combustible, a la misma hora, todos los días. Una vez esté encendida, no se la puede apagar hasta estar cumplido el deseo. Al hacer la oración no es necesario llenar la lámpara, solamente se mueve en el sentido de las agujas del reloj, mientras se repite el deseo. Este rito, y debido quizá a la influencia católica, se ha dirigido siempre a un santo determinado. Sin embargo, no veo inconveniente alguno en que un pagano invoque a uno de sus propios dioses o diosas.

### La lámpara de la salud ――⌐

Como todas las otras lámparas, ésta contiene una mezcla líquida además de un imán, un artículo personal del individuo para el cual es destinada o su nombre escrito en papel de pergamino recortado en forma de cruz. Se deposita esto junto con el imán, en la parte inferior de la lámpara y se vierte el combustible sobre ambos. Como esta lámpara está siendo creada para atraer la salud, se agregan los siguientes ingredientes: un frasco de aceite para atraer la salud y media cucharadita de cinco hierbas con propiedades curativas, por ejemplo, menta, eucalipto, etc. (o una combinación de cuatro hierbas distintas para curar y cincoenrama). La oración a emplear se dirige a Nuestra Señora de Lourdes –de uso corriente entre los franceses– o a San José, a quien suelen recurrir los italianos.

A fin de emplear correctamente la lámpara, es primordial no dejar extinguir la llama una vez esté encendida. Cuando se reza y se pide el deseo, no se debe dejar de sacudir los ingredientes en el sentido de las agujas del reloj. Es necesario tener presente, además, que este rito debe llevarse a cabo diariamente y a la misma hora, hasta obtenerse los resultados apetecidos.

### La lámpara del amor ――⌐

Al combustible básico se le agregan los siguientes materiales: un frasco de aceite de amor, cinco hierbas asociadas con el amor o cuatro hierbas cincoenrama. Se hace una oración a Santa Ana.

### La lámpara de justicia ――⌐

Es eficaz en los pleitos y asuntos legales. Se debe disponer de las siguientes hierbas: raíz de galanga, bardana amarilla, serpentaria, clavel y cincoenrama, las cuales se agregan a un frasco de aceite ‹‹juez amistoso››. Se hace una oración a San Basilio.

## La lámpara de éxito

A esta lámpara se agregan los siguientes ingredientes: un frasco de aceite de éxito además de cinco hierbas asociadas con el éxito y cincoenrama. Se hace una oración a San Antonio.

## La lámpara de protección

Se agrega un frasco de aceite de protección y cinco hierbas de propiedades protectoras además de cincoenrama. Se reza al Angel de la Guarda, San Miguel o Santa Bárbara.

## La lámpara de ayuda rápida

Se agrega un frasco de aceite ‹‹vida afortunada››, además de cinco hierbas asociadas con el éxito o cuatro hierbas y cincoenrama. Se pide ayuda a San Expedito.

## La lámpara del hogar apacible

Agregar ‹‹Baume du Commandeur››, un frasco de aceite ‹‹Hogar apacible››, pasiflora, miel, muérdago, flores de jazmín, raíz de iris florentina y jalapa. Aquí San Raimundo es el santo a quien se recurre.

## La lámpara del desarrollo interior

Agregar un frasco de aceite para bendecir y cinco hierbas asociadas con el éxito. Se reza a Santa María Magdalena cuando se anuncie el deseo.

## La lámpara del trabajo

Se emplea al buscar un trabajo. A esta lámpara es necesario agregarle algo relacionado con el tipo de trabajo que se está buscando. Por ejemplo, para un trabajo de carpintería, se añaden clavos, para un hospital, medicinas básicas: Incluso sirve una ilustración del empleo. También se precisa de un frasco de aceite de atracción y cuatro hierbas asociadas con el éxito. Se le reza a San José.

## Nota

Algunos adeptos agregan colorantes alimenticios al combustible a fin de conseguir el color asociado con el deseo. Se utiliza rosa o rojo para el amor, malva para el trabajo, azul pálido para la protección, rojo para la salud, naranja para el éxito, etc.

## *El frasco dulce* ⟶

Se escribe el nombre completo sobre una cara del palito de una chupeta o paleta y por el otro lado, el de la otra persona. Se introduce este objeto dentro de una jarra grande, la cual se llena de agua, miel y azúcar. Se sujeta el tapón de tal forma que no se vierta el contenido. Se visualiza la imagen de las personas cuyos nombres están escritos en el palito y se agita el frasco entonando tres cinco, siete o nueve veces:

> *Dulces, dulces*
> *serán tus pensamientos*
> *siempre de mí.*

## *Ritual de prosperidad para el año nuevo* ⟶

Es costumbre en Louisiana comer el día de Año Nuevo, los siguientes productos: col, guisantes y arroz. En la Noche Vieja, una vez retirados y fregados los platos de la cena, se procede a adornar la mesa de la cocina, como sigue: sobre un billete de un dólar y un dólar de plata se coloca una vela verde untada con aceite para atraer el dinero. Alrededor del dinero y la vela se pone la col, los guisantes y el arroz, sal y cualquier especie utilizada para guisar la comida de Año Nuevo. Se traza un círculo de sal alrededor de la vela y la comida, se enciende la vela, dejando que se extinga, pero antes se debe rezar por la prosperidad futura. Todos los artículos quedan sobre la mesa durante la noche a fin de ser bendecidos, a su paso, por el espíritu del Año Nuevo.

El día del Año Nuevo, al preparar la col, se corta una hoja exterior en tantos trozos pequeños como miembros de la familia habiten la casa. Una vez envuelto cada trozo de col en papel de seda, se le entrega a cada persona para que lo carguen en su cartera, en sus bolsillos o incluso guardarlos debajo del colchón, durante todo el año. El dólar de plata se cose junto con la col y es guardado posteriormente para su futuro uso. En algunas familias es costumbre poner un céntimo con la col a fin de aportar buena suerte a la persona que lo encuentre.

La sal utilizada para hacer el círculo alrededor de la comida y de la vela, se tira por la puerta principal para alejar la mala suerte.

## Para eliminar a un rival

Se compra una lengua de ternera y se raja de una vez. Sobre un trozo de papel se escribe nueve veces el nombre de la amante y del sospechado rival. Se introduce el papel en la raja y a continuación se echa una mezcla de pimienta y achicoria molida. Se cogen nueve alfileres para cerrar la raja y se asa la lengua en el horno, a medida que se entona:

> *(Nombre del amante) ya no estarás más con (nombre del rival), pues te digo, surgirá entre vosotros dos amargura, estropeando el amor que creéis verdadero, cuando esta lengua esté bien hecha habrá comenzado el fin de tu romance.*

Se repite este conjuro tres, cinco, siete o nueve veces a la vez que se visualiza a las dos personas separándose. Cuando el amante se coma esta lengua, el encantamiento empieza a surtir efecto. Se tira el resto para dejarlo pudrir.

# Fórmulas

*Inciensos*

*Aceites*

*Polvos*

*Soluciones*

# VI

# *Inciensos*

**M**uchos escritos antiguos de todas partes del mundo, testimonian el uso del incienso para las ceremonias religiosas y mágicas. Nuestros antepasados creían que ciertos aromas poseían el poder de atraer a los buenos espíritus y alejar a los malos. Se quemaba el incienso no solamente para purificar el lugar dedicado al servicios de Dios, sino también para neutralizar el olor desagradable de los sacrificios.

Existe la vieja creencia de que al elevarse hacia el cielo el humos del incienso, éste se mezclaba con las oraciones hechas a los dioses. Muchas tribus americanas mantenían esta misma creencia con respecto al humo de sus pipas de paz. De hecho, es mi opinión, que durante sus ceremonias los indios quemaban en sus pipas, la mayoría de las veces, incienso, y así se utilizaba una mezcla de hierbas con un poco de tabaco.

Es también interesante tener en cuenta que el incienso ayuda a crear un ambiente más propicio para la meditación y la oración profunda.

En las siguientes recetas de incienso se usan algunos ingredientes líquidos midiéndolos por ‹‹drams››. Se incluye una tabla de conversión:

$\frac{1}{8}$ = 1 *dram* = $\frac{1}{2}$ *cucharada sopera pequeña más* $\frac{1}{8}$ *de cuchara pequeña.*

$\frac{1}{4}$ *onza* = 2 *drams* = $\frac{1}{2}$ *cucharada sopera.*

$\frac{1}{2}$ *onza* = 4 *drams* = 1 *cucharada sopera.*

Las distintas clases de incienso detalladas a continuación son quemadas de la forma habitual. Es decir, sobre un carbón ardiente colocado en el pebetero. Se reducen a polvo todos los ingredientes sólidos, mezclándolos bien. Una vez mezclados los ingredientes líquidos se le agrega el salitre. Todo esto se vierte lentamente sobre las hierbas. Se deja secar la mezcla, durante unos treinta minutos, en un recipiente de plástico o latón, y ya está listo el incienso.

## Tintura de benzoína

Se utiliza tintura de benzoína en muchas de las recetas. Se puede preparar de acuerdo con las siguientes instrucciones: A 2 onzas de resina de benzoína se agregan 4 onzas de agua y 12 onzas de alcohol. Se guarda durante dos semanas la mezcla dentro de una botella cerrada herméticamente, agitándose diariamente. Se puede añadir una cucharadita de glicerina. Transcurridas las dos semanas, se filtra y se guarda el líquido para su futuro uso.

## Incienso para atraer el amor

Este incienso se emplea en los rituales cuyo propósito sea atraer y conservar el amor. También se le puede quemar periódicamente para mantener el aura de amor en la casa.

*1 onza de pétalos de rosa*

*$\frac{1}{4}$ onza de raíz de cálamo*

*$\frac{1}{2}$ onza de canela*

*$\frac{1}{4}$ onza de semilla de anís*

¼ onza de incienso

1 onza de sándalo en polvo

¼ cucharadita de salitre

2 drams de tintura benzoína

1 dram de aceite para seducir

## Incienso aura de encantamiento

Este incienso se puede quemar durante las meditaciones y oraciones diarias.

¼ onza de laurel

¼ onza sándalo en polvo

1 onza de incienso

¼ onza de semilla de anís

¼ onza de mirra en polvo

¼ cucharadita de salitre

1 dram de aceite de gardenia

2 drams de tintura de benzoína

## Incienso fuente de oro

Se emplea este incienso en todos los rituales relacionados con los asuntos económicos y con la prosperidad.

1 onza de laurel

1 onza de sándalo en polvo

1 onza de incienso en polvo

¼ cucharadita de salitre

1 dram de aceite de canela

2 drams de tintura de benzoína

## Incienso salud rebosante

Esta fórmula se emplea en los rituales que tienen por propósito atraer y mantener la buena salud.

*½ onza laurel*

*1 onza de sándalo en polvo*

*1 onza de pétalos de clavel*

*½ onza de pétalos de rosa*

*¼ cucharadita de salitre*

*2 drams de tintura de benzoína*

## Incienso «Bon Voyage»

Se emplea esta fórmula para alejar a las personas molestas, también se puede utilizar en aquellos rituales que tengan por propósito el romper una relación no deseada.

*1 onza de polvo de jalapa*

*½ onza de romero*

*¼ onza de hojas de pachulí*

*1 cucharada de azufre*

*3 cucharadas de jengibre*

*¼ cucharadita de salitre*

*2 drams de cucharada de tintura de benzoína*

## Incienso gris–gris faible

Esta fórmula puede emplearse en los rituales enfocados en destruir el poder de un enemigo para dañarlo. Se le puede utilizar también para anular las maldiciones.

*¼ onza de sándalo en polvo*

*½ laurel en polvo*

*¼ semilla de hinojo en polvo*

*1 cucharada de asafétida*

¼ cucharadita de salitre

1 dram aceite para anular las maldiciones

2 drams de tintura benzoína

## Incienso ‹‹Le diable s'en va››

Esta fórmula se emplea en los rituales para exorcizar un edificio, de los pensamientos negativos y las vibraciones malévolas.

¼ cucharadita de asafétida en polvo

1 onza de incienso en polvo

½ onza de romero en polvo

1 cucharada de vainilla en polvo

¼ onza de jalapa en polvo

¼ onza de hojas de albahaca

¼ cucharadita de salitre

2 drams de tintura de benzoína

1 dram de aceite para anular las maldiciones

## Incienso ‹‹La fama creciente››

Un incienso para el éxito. Se utiliza en los rituales cuyo propósito es atraer hacia sí el éxito y la prosperidad.

½ onza sándalo en polvo

1 onza de canela

½ onza de incienso

¼ onza de mirra en polvo

½ onza de raíz de iris florentina en polvo

1 dram cucharadita de aceite de atracción

2 drams de tintura de benzoína

## Incienso para tener sueños proféticos

Esta fórmula se utiliza en los rituales que tengan por propósito el inducir los sueños proféticos. Se quema cuando intente realizar una adivinación o un viaje astral.

*½ onza de sándalo en polvo*

*¼ onza de laurel*

*½ onza de pétalos de rosa*

*¼ onza de lavanda*

*¼ onza de iris florentina en polvo*

*¼ cáscara de limón gratinada*

*¼ cucharadita de salitre*

*1 dram de aceite de incienso*

*2 drams de tintura de benzoína*

## Incienso para apaciguar la ira

Se emplea este incienso en los rituales que tengan por propósito el tranquilizar a las personas coléricas y tendenciosas, restaurar el amor en un matrimonio infeliz, etc.

También se le puede quemar periódicamente en el hogar para asegurar la tranquilidad entre sus miembros.

*1 onza de pasiflora en polvo*

*1 onza de raíz iris florentina en polvo*

*½ onza de pétalos de rosa en polvo*

*½ onza de azúcar moreno*

*¼ cucharadita de salitre*

*1 dram de miel*

*2 drams de tintura de benzoína*

## Incienso oro de Leprechaun
## (duende irlandés) ⎯⎯⎯⎯

Se utiliza la siguiente mezcla para atraer la buena suerte.

¼ onza de canela

1 onza de sándalo en polvo

¼ onza de incienso en polvo

¼ onza de laurel

½ onza de semilla de anís

½ onza de cáscara de naranja gratinada

¼ onza de salitre

1 dram de aceite ‹‹Van Van›› de Louisiana

2 drams de tintura de benzoína

## Incienso para anular las maldiciones ⎯⎯⎯⎯

Algunos adeptos recomiendan que se queme durante nueve noches consecutivas cerca de una ventana abierta.

½ onza de incienso en polvo

1 onza de sangre de draco

1 onza de sándalo en polvo

¼ cucharadita de salitre

1 dram de aceite de gardenia

2 drams de tintura de benzoína

## Incienso círculo de protección

Este incienso se emplea en los rituales que tenga por propósito el guardar de las influencias malévolas a una persona, hogar o lugar de negocios.

*1 onza de sándalo en polvo*

*½ onza de cincoenrama*

*¼ onza de incienso en polvo*

*¼ onza de cáscara de naranja gratinada*

*¼ cucharadita de salitre*

*1 dram de aceite de gardenia*

*2 drams de tintura de benzoína*

# VII

## *Aceites de untar*

Los aceites florales y de hierbas perfumadas todavía desempeñan un papel muy importante en el mundo de la magia. Nuestros antepasados creían en la influencia de ciertos olores sobre las personas y objetos. Fue a raíz de esta creencia como se inició la práctica de emplear los aceites perfumados en las ceremonias religiosas y mágicas.

Es muy importante al aplicar el aceite que se concentre sobre el efecto deseado. Después de meditar sobre ello, se toca o sujeta con la mano derecha (la izquierda en el caso de ser zurdo) a la persona u objeto y se visualiza rodeada de una luz blanca. Es fundamental el empleo de un buen aceite vegetal como base. El aceite de oliva virgen es ideal para este propósito, pero se puede utilizar también *dipropylene glicol*. Se añade al tamiz dos onzas de aceite y dos cucharadas de hierba o mezcla, la cual se remueve bien. A continuación se guarda el frasco durante tres días en un lugar oscuro y previamente consagrado. Al llegar el cuarto día se comprueba que el aceite haya absorbido el olor de la hierba, mezcla o flor. Si el aroma es débil, se utiliza un trozo de estopilla para filtrar el aceite. Se agregan dos cucharadas más de la hierba, mezcla o flor. De ser necesario se puede añadir un poco más de aceite de oliva para llegar a la cantidad original de aceite, o sea, dos onzas. Se guarda durante tres días más esta preparación. Se repite el procedimiento hasta que el aroma del aceite quede al gusto. Como veremos en las recetas detalladas a continuación, algunas de las mezclas de hierbas producen un aroma fuerte a los tres días, mientras otras tienen un aroma débil y es necesario repetir la operación. Es costumbre entonar una líneas cada tarde, y hasta que el aceite esté listo, y que hagan referencia al propósito deseado. Al realizar esto, se mantienen las palmas de la manos sobre el aceite, ordenando a la energía fluir sobre él. Cuando el preparativo esté terminado, se canta una vez más la estrofa mientras se filtra la hierba, mezcla o flor.

Algunas de las recetas requieren, como parte del producto acabado, la introducción de un trozo de raíz, hierba o piedra magnética, en el recipiente. En otros casos la adición es una raíz o hierba es opcional y será indicada como tal en la receta.

Todos los aceites de untar descritos en este libro, son idóneos para preparar las velas. Hay algunos adeptos quienes los usan también para otros propósitos mencionados al dar la receta correspondiente. Se observa como las gardenias, por florecer en abundancia en el clima subtropical de Louisina, se emplean a menudo en estas recetas. Si bien por razones geográficas o económicas, no se puede obtener esta planta, se le puede sustituir por el jazmín. A todas las recetas se les pueden agregar unas pocas gotas de tintura de benzoína, a fin de evitar que el aceite se ponga rancio.

## *Aceite de atracción*

Se emplea para buscar un compañero. Se aplica el aceite sobre la frente, debajo del corazón y por encima del ombligo. También se aumenta el magnetismo si se añaden unas gotas al agua del baño. Se dice que aporta la buena suerte, al ser aplicado en los zapatos.

*Se mezclan partes iguales de ligústico y cáscara*
*rallada de limón o flores de limón, se agregan dos*
*cucharadas a dos onzas de aceite y se introduce un*
*trozo pequeño de magnetita dentro de cada frasco.*

## Aceite de bancarrota ⸺

Se dice de este preparativo, que provoca la bancarrota de un enemigo, al concentrarse el rito en obligar a la persona en mención, a gastar todo el dinero. El aceite se aplica sobre los encantamientos confeccionados para atraer la mala suerte, los cuales se colocan dentro del lugar de los negocios, a fin de conseguir la ruina.

*Se agrega a dos onzas de aceite, dos cucharadas*
*soperas de vibúrnum abrifólium en polvo. Opcional:*
*Se puede añadir a cada frasquito un trozo pequeño*
*de esta misma planta.*

## Aceite para bendecir ⸺

Se utiliza este aceite para bendecir el altar, candelabro, pebetero, etc.

*Se mezclan dos partes de incienso a una parte de*
*benzoína y se le agregan dos onzas de aceite.*

## Aceite para confundir ⸺

Se emplea en los ritos destinados a confundir a un enemigo deseoso de dañarle.

*Se mezclan dos partes de ruda a una de pimienta*
*de Guinea, y se le agregan dos cucharadas de esta*
*mezcla a dos onzas de aceite.*

## Aceite de control

Para tener mejor control sobre una persona o situación se hace lo siguiente: se colocan tres gotas del aceite arriba mencionado sobre los zapatos del otro. Se escribe, en un trozo de papel, el nombre de la persona o la situación, y se deja debajo de una vela malva untada con aceite. Se quema diariamente la vela, hasta que ésta se haya consumido y para entonces el control esta firmemente establecido.

*Se agregan dos onzas de cálamo (Acorus cálamus) o dos onzas de aceite.*

## Aceite para maldecir

Se emplea sobre velas o conjuros confeccionados para maldecir a otros.

*Se mezclan partes iguales de ajenjo y lepidio, y se agregan dos cucharadas a dos onzas de aceite. Opcional: Se agrega a cada frasco de aceite un trozo pequeño de raíz de hierba.*

## Aceite de valor

Cuando se solicite un trabajo, o antes de pedir un aumento de sueldo, se añaden nueve gotas de este aceite al agua del baño. Se aplica como perfume en la garganta, debajo del corazón y por encima del ombligo, para expulsar los temores y la timidez.

*Se mezclan dos partes iguales de las siguientes plantas: romero, cincoenrama y pétalos de gardenia. A esta mezcla se le agregan dos cucharadas a dos onzas de aceite y se introduce dentro de cada frasco, un trozo pequeño de jalapa.*

## Aceite para soñar

Se colocan unas pocas gotas sobre la almohada antes de dormir. Al efectuar un rito para inducir a sueños proféticos o la proyección astral, se aplica el aceite sobre la frente, garganta y debajo del corazón.

*Se mezclan partes iguales de cáscara gratinada de limón o flores de limón, incienso y mirra. Utilice dos cucharadas para dos onzas de aceite. Opcional: Se coloca un trozo de cincoenrama en cada frasco.*

## Aceite del juez amistoso

Se emplea al tratar con los tribunales y abogados. Se introduce dentro del agua del baño tres días antes de tener lugar el pleito. Se aplica como perfume en el mismo día del pleito, sobre los brazos, pecho y garganta. Se frota sobre los dedos antes de firmar cualquier documento legal.

*Se mezclan dos partes de pétalos de clavel, una parte de semilla de anís y una parte de canela. A esta mezcla se agregan dos cucharadas a dos onzas de aceite y se añade un trozo pequeño de taro (Officinalis galanga) a cada frasco.*

## Aceite para tener suerte en el juego

Se aplica sobre los encantamiento diseñados para dar suerte en el juego. También se puede frotar sobre las manos antes de jugar y se unta cada esquina de la tarjeta de bingo, antes de iniciar el juego. Antes de partir para el hipódromo se untan los zapatos con aceite.

*Se mezclan tres partes de canela, una parte de pétalos de clavel y una parte de semilla de anís. A esta mezcla se agregan dos cucharadas a dos onzas de aceite y dentro de cada frasco, se deposita un trozo pequeño de jalapa.*

## Aceite de sangre de gitano ⎯⎯⎯⎯

Se dice de este aceite, que al aplicarlo en el zaguán de la casa de un vecino, éste se muda de residencia.

*Se mezclan dos partes de hojas de pachulí a una parte de pimienta de Guinea. A esta mezcla se agregan dos cucharadas a dos onzas de aceite.*

## Aceite del corazón feliz ⎯⎯⎯⎯

Se dice de este aceite que atrae la felicidad y las buenas vibraciones.

*Se emplean dos partes de flores de vistaria a dos onzas de aceite.*

## Aceite para atraer la salud ⎯⎯⎯⎯

Se suele aplicar a la frente de los enfermos.

*A dos onzas de aceite se pueden agregar dos onzas de cada uno de los siguientes perfumes: rosa, clavel, gardenia, cáscara gratinada de limón o flores de limón.*

## Aceite para proteger el hogar ⎯⎯⎯⎯

Se aplica sobre los encantamientos destinados a proteger el hogar del mal.

*Se usan partes iguales de los siguientes ingredientes: cincoenrama, sándalo, pétalos de gardenia y verdolago. A esta mezcla se agregan dos cucharadas a dos onzas de aceite. Se introduce un pellizco de sal bendita, dentro de cada frasco.*

## Aceite para atraer el amor

Se dice de este aceite que ayuda a atraer a un amante. Como perfume, se aplica sobre la frente, corazón y genitales.

> Se mezclan dos cucharadas de cualquiera de las siguientes hierbas: jazmín, rosa roja, lavanda a dos onzas de aceite. Se añade un trozo pequeño de raíz de iris florentina a cada frasco de aceite hecho; o bien, se mezclan dos partes de pétalos de rosa roja y una parte de canela. Se usan dos cucharadas de esta mezcla en dos onzas de aceite y se añade un trozo pequeño de raíz de iris florentina.

## Aceite vida afortunada

Se dice de este aceite que atrae la suerte. Se aplica sobre el dinero a utilizar en el juego. Se frota sobre las palmas de las manos antes de jugar a las cartas o echar los dados.

> Se mezclan dos partes de canela a una parte de camomila y otra de peonia. A esta mezcla se agregan dos cucharadas a dos onzas de aceite. Opcional: Se agrega un haba tonca a cada frasco de aceite.

## Aceite del ama casa

Este aceite es empleado por las mujeres que deseen llevar el control de la casa. Se rocía sobre los zapatos del cónyuge o amante, o sobre su ropa a fin de dominar sus acciones.

> Se agregan dos cucharadas de cálamo (Acorus cálamus) a dos onzas de aceite. Se introduce un trozo pequeño de vibúrnum alnifonium dentro de cada frasco.

## Aceite para atraer el dinero ⎯⤳⤳⤳

Se aplica diariamente este aceite al interior de la cartera o monedero. Se dice que dobla el valor del dinero si se untan las cuatro esquinas de los billetes de banco. Cuando se solicite un préstamo, se aplica el aceite a los talones de ambos pies, antes de salir de casa.

> Se mezclan partes iguales de los siguientes ingredientes: incienso, mirra y sándalo. A esta mezcla se agregan dos cucharadas a dos onzas de aceite y se introduce en cada frasco un trozo de laurel.

## Aceite hogar apacible ⎯⤳⤳⤳

Se vierten nueve gotas de este aceite dentro de un recipiente de agua y a continuación se rocía cada rincón de la casa para disminuir la tensión entre sus miembros.

> Se unta con este aceite una vela blanca y se le quema diariamente con incienso ‹‹círculo de protección››.

## Aceite pensamientos apacibles ⎯⤳⤳⤳

Se emplea este aceite en los rituales que tengan por propósito el crear pensamientos apacibles. Se aplica sobre la frente y sienes. Es útil para iniciar una meditación.

> Se emplean partes iguales de lavanda, hierbas perennes y romero. A esta mezcla se agregan dos cucharadas a dos onzas de aceite.

## Aceite del poder ⎯⤳⤳⤳

Se dice de este aceite que incrementa el poder de uno mismo. Se aplica sobre la frente, garganta, esternón y por encima del ombligo.

Es de utilidad en cualquier ritual que tenga por propósito el aumentar el poder en una situación determinada. Se aplica sobre los conjuros para el desarrollo psíquico y espiritual.

*Se mezclan partes iguales de limón gratinado, o flores de limón con incienso. A esta mezcla se agregan dos cucharadas a dos onzas de aceite.*

## Aceite de protección ⟶

Se lleva como perfume y se unta la frente, garganta y esternón. También se untan los conjuros protegerse del mal.

*Se mezclan partes iguales de sándalo, hojas de pachulí y pétalos de gardenia. Se agregan dos cucharadas de la mezcla a dos onzas de aceite y se introduce en cada frasco terminado, un pellizco de sal bendita.*

## Aceite para seducir ⟶

Se dice de este aceite, que al ser llevado como perfume, ayuda a seducir a cualquier persona. Se aplica detrás de la orejas, debajo de la axila izquierda, en la nuca y entre los muslos.

*Se emplean dos cucharadas de clavos en dos onzas de aceite. Opcional: Se agrega a cada frasco terminado, un trozo pequeño de raíz de verbena (se le atribuye el poder de incrementar la pasión).*

## Aceite ‹‹no erres más›› ⟶

Se le atribuye la propiedad de mantener fiel al cónyuge o amante. Se echa en el agua del baño de éste y también sobre las suelas de sus zapatos. También se le aplica a las sábanas.

*Se mezclan dos partes de nardo, una parte de flores de tilo y otra de hierba mate. A esta mezcla se agregan dos cucharadas de aceite. Opcional: Se introduce dentro de cada frasco terminado, un trozo pequeño de raíz de magnolia.*

## Aceite para el éxito

Se mezclan dos partes de sándalo, cincoenrama e incienso con una parte de canela y otra de cáscara de limón gratinado o flores de limón. A esta mezcla se agregan dos cucharadas a dos onzas de aceite. Opcional: Se introduce dentro de cada frasco terminado un trozo pequeño de jalapa.

## Aceite para anular las maldiciones

Se mezclan dos partes de sándalo, hojas de pachulí y mirra con una parte de cincoenrama. A esta mezcla se agregan dos cucharadas a dos onzas de aceite. Se introduce dentro de cada frasco terminado, un pellizco de sal bendita y nueve gotas de amoniaco casero. Agítese bien antes de usar.

## Aceite ‹‹Van Van›› de Louisina

Este aceite se emplea muy a menudo por los practicantes del vudú. Tiene múltiples usos. Cuando se quiera anular una maldición se echa durante nueve días consecutivos, nueve gotas dentro del agua de baño.

> *Se utilizan dos cucharadas de hierba de limón (Cymbopogon citratus) mezcladas con dos onzas de aceite. Se echa un pellizco de sal bendita dentro de cada frasco.*

## Aceites astrológicos

Estos aceites son de mucha utilidad en los rituales que emplean velas astrales para representar a personas determinadas. Cuando se trate de utilizar en estas ceremonias los colores astrales, a veces surgen entre las mismas autoridades discrepancias en cuanto al color a emplear. Cada individuo posee un color primario y otro secundario. La conocida reina del vudú, Marie Laveau, anotó como colores primarios y secundarios para los nativos de Piscis el azul y verde, respectivamente. Otra persona bien versada en la materia, asignó para estas mismas personas, rosa y verde como colores primarios, blanco o negro como colores secundarios. Una tercera autoridad manifiesta que el blanco es el color primario y verde el secundario. Naturalmente, se siguen los consejos del experto a quien más confianza se le tenga.

Al preparar estos aceites se utilizan únicamente una de las hierbas o flores atribuidas a cada uno de los signos del zodiaco. Se emplean las técnicas previamente descritas.

**Aries (21 de marzo al 19 de abril):** Pino, ciprés, betónica (officinalis), prímula, ajenjo, anémona y geranio.

**Tauro (20 de abril al 20 de mayo):** Almizcle, rosa, clavel, madreselva, violeta, azafrán, bardana, vara de oro, vincapervinca, primavera, fresa, verbena, malva, jazmín, trébol.

**Géminis (21 de mayo al 21 de junio):** Rosa amarilla, jazmín, laurel, almáciga, sándalo, carvi, mejorana, perejil, gladiolo, orquídea.

**Cáncer (22 de junio al 22 de julio):** Áloe, azucena, jacinto, todas las flores nocturnas, hojas de laurel, espuela de caballero, cedro, mirto, canela, amapola, margarita, loto.

**Leo (23 de julio al 22 de agosto):** Sándalo rojo, incienso, alcanfor, casia, clavo, vara de oro, celidonia, flores de camomila, girasol.

**Virgo (23 de agosto al 22 de septiembre):** Maravilla, aciano, áster, petunia, cáscara de frutas cítricas, carvi, lavanda, lirio, mejorana, narciso.

**Libra (23 de septiembre al 22 de octubre):** Caléndula, violeta, rosa, satín, bardana, vara de oro, menta, vincapervinca, primavera, verbena, áloe, sándalo.

**Escorpión (23 de octubre al 21 de noviembre):** Crisantemo, pino, romero, cornejo, anémona, celidonia, ortiga, ajenjo, albahaca, hoja de vainilla, ciprés.

**Sagitario (22 de noviembre al 21 de diciembre):** Narciso, nuez moscada, áster, clavo, azafrán, pimpinela, cincoenrama, bálsamo, savia.

**Capricornio (22 de diciembre al 19 de enero):** Incienso, clavel, diente de león, musgo de Islandia, cardo, lino, y alazán.

**Acuario (20 de enero al 18 de febrero):** Violeta, narciso, pino, lino, amapola, valeriana, ajenjo, hinojo, botón de oro.

**Piscis (19 de febrero al 20 de marzo):** Lila, lirios y azucenas, clavo, nuez moscada, clavel, cincoenrama, bálsamo, savia, parietaria.

Existe un aceite denominado aceite del zodiaco que sirve para untar las velas astrales empleadas en los rituales. Aunque se le puede utilizar para todos los signos, es preferible hacer uso de una flor o hierba asociada con un signo determinado o su regente, para confeccionar un aceite más individualizado. Se emplea para este propósito una de las flores o hierbas arriba mencionadas. Si se quiere hacer una potente vela astral se agrega el polvo de otra hierba correspondiente al signo y se mezcla con parafina del color del signo. Se incorpora una mezcla y al endurecerse la parafina, se tiene una magnífica vela astral.

## Aceites esenciales básicos

Si se van a emplear flores frescas para preparar los aceites, se recogen cuando el sol haya secado el rocío matinal. A continuación se detalla una lista completa con los aceites esenciales que se necesitan para las recetas de este libro. Recuerde, se emplean dos cucharadas de la flor o hierba en dos onzas de aceite. En el caso de no ser el aroma suficientemente fuerte, se repite el proceso con flores o hierbas frescas, hasta producir el resultado deseado.

**Aceite de gardenia:** Se utiliza la flor. Es un aceite básico de protección para impedir que los demás provoquen discordia en su vida.

**Aceite de canela:** Se utiliza canela molida. Se ha empleado para untar las cabezas en las ceremonias vudú. Se dice que este aceite aporta la buena suerte. Se le puede agregar al agua de fregar, para dar fuerza adicional.

**Aceite de pachulí:** Se emplean las hojas. Es considerado como afrodisiaco y se le puede utilizar para crear la paz mental y la armonía dentro del hogar. Si se emplea para maldecir a una persona, su efecto repercute sobre el originador.

**Aceite de jazmín:** Se emplean las flores. Tiene la fama de atraer a muchos espíritus buenos, de dar buena suerte e inspiración. Se le puede sustituir por el aceite de gardenia.

**Aceite de incienso:** Se emplea la resina en polvo. Es considerado como aceite sagrado. Se rocía alrededor del altar, untándose con él, los objetos que se desean bendecir.

**Aceite de lavanda:** Se emplean las flores. Se le atribuye a este aceite el don de aportar la paz mental absoluta. También tiene fama de inspirar el amor y de otorgar la discreción en los asuntos económicos.

**Aceite de rosa roja:** Se emplean los pétalos. Los practicantes del vudú creen que aporta la paz y la armonía. Se puede llevar como perfume en tiempos difíciles para incrementar la fuerza espiritual.

**Aceite de nardo:** Se le atribuye el poder de atraer las cualidades espirituales y bendiciones. El aroma perdura y este aceite es empleado como perfume al celebrar las reuniones entre las personas separadas por grandes distancias. Se dice de él también, que revive los sentimientos cálidos y memorias afectuosas.

**Aceite de mirra:** Se emplea la resina en polvo. Se le atribuye el poder de alejar el mal y romper cualquier conjuro dirigido en contra.

# ¡RECIBA UN REGALO GRATIS!

Para recibir información periódica gratis de las últimas publicaciones de LLEWELLYN y ser parte de nuestra lista exclusiva de lectores, por favor llene y envíenos ésta tarjeta. A vuelta de correo recibirá un pequeño regalo como muestra de nuestro aprecio por su interés.

**POR FAVOR ESCRIBA EN IMPRENTA:**

Nombre ..............................................................................................................

Dirección ..........................................................................................................

Ciudad ...............................................Estado....................................

Zona o código postal ...................................................................................

Dirección Electrónica (E-Mail)...................................................................

Sexo: ☐ Masculino  ☐ Femenino

Edad: ☐ Menor de 15 años  ☐ 15-24  ☐ 25-34

☐ 35-44  ☐ 45-54  ☐ Más de 55 años

Estado civil: ☐ Soltero (a)  ☐ Casado (a)  ☐ Separado (a)  ☐ Viudo (a)

Nivel de ingreso: ☐ 10.000 - 15.000  ☐ 15.001 - 20.000
☐ 20.001 - 30.000  ☐ 30.001 - o más

Habla o lee inglés: ☐ Si  ☐ No

Hace compras a través del INTERNET: ☐ Si ☐ No

Sitios preferidos de compra en el INTERNET: 1: .......................................

2: .......................................

3: .......................................

## TEMAS DE INTERÉS

☐ Astrología  ☐ Tarot  ☐ Hipnotismo  ☐ Quiromancia

☐ Meditación  ☐ Parapsicología  ☐ Filosofía  ☐ Mitología

☐ Chakras  ☐ Yoga  ☐ Magia  ☐ Sueños

☐ Reencarnación  ☐ Metafísica  ☐ Numerología  ☐ Santería

☐ Ciencias Ocultas  ☐ Medicina Alternativa/Salud  ☐ Religiones Alternativas

☐ Desarrollo Psíquico  ☐ Otro: ...................................................................

Que revistas o periódicos lee Ud. regularmente, especifíque: .........................................

.................................................................................................................................

K-455-3

**Llewellyn Worldwide Ltd.**
**P. O. Box # 64383**
**St. Paul, MN 55164-0383**

# VIII

## *Polvos para rociar*

*E*ste tipo de polvo se ha empleado en los rituales con el fin de atraer la ayuda de los seres espirituales. Dichos polvos de utilizan también en los saquitos gris–gris, y se echa sobre la ropa y dentro de la casa.

Se convierten en polvo todos los ingredientes sólidos antes de verter sobre ellos los componentes líquidos. Cuando el líquido esté bien mezclado con las hierbas, se agrega lentamente el talco. Se remueven todos los ingredientes y se entona una rima de acuerdo al propósito para lo que fue creado.

### *Polvo para maldecir*

*1 onza de ajenjo en polvo*

*½ onza de piñas en polvo*

*¼ onza de tierra de cementerio*

*1 cucharada de pimienta de Guinea*

*⅝ cuharadita de aceite para maldecir*

*4 onzas de talco*

## Polvo para atraer el amor ⟶

1 onza de sándalo en polvo
¼ cucharadita de canela
1 cucharadita de albahaca
1 cucharadita de mirto
⅜ cucharadita de incienso
⅜ cucharadita de nardo
⁵₈ cucharadita de rosa roja
4 onzas de talco

## Polvo de oro (un polvo para el juego) ⟶

1 onza de sándalo en polvo
1 cucharadita de pétalos de clavel (secos y en polvo)
1 cucharadita de canela en polvo
⅜ cucharadita de aceite de incienso
⅜ cucharadita de aceite de mirto
4 onzas de talco

## Polvo para atraer el dinero ⟶

1 onza de sándalo en polvo
¼ cucharadita de canela en polvo
1 cucharada de cincoenrama en polvo
1 cucharadita de bardana amarilla
⅜ cucharadita de aceite de incienso
⅜ cucharadita de aceite de pachulí
⅛ cucharadita de aceite de mirra
4 onzas de talco

## Polvo para anular una maldición

1 onza de sándalo en polvo

1 ¼ cucharadita de cincoenrama

⅜ cucharadita de aceite para anular una maldición

⅛ cucharadita de aceite de mirra

4 onzas de talco

# IX

# *Soluciones*

Denominamos solución, a una mezcla de hierbas, remojadas en agua, la cual, o bien se rocía directamente sobre los pisos de un hogar, negocio o dentro de un buzón, o se diluye en el agua utilizada para fregarlos. Se emplea para atraer o repulsar ciertas influencias. La solución se prepara de la siguiente manera. Después de remojar las hierbas en medio litro de agua, la mezcla resultante se guarda durante tres días en un lugar oscuro previamente consagrado. Cada tarde se agita la solución, entonando a la vez una rima asociada con el propósito para lo que fue preparada.

El cuarto día se filtran las hierbas al mismo tiempo que se entona el conjuro. Dicho conjuro también se repite al utilizar la solución. Se van preparando más soluciones a medida que se vayan necesitando.

## *Solución para atraer los negocios*

Suponiendo que el negocio está relacionado directamente con el público. En este caso, se friega la entrada, los pasillos y los picaportes, a la vez que se entona el conjuro. Si la mayor parte de los negocios se efectúan mediante pedidos por correo, o en el caso de recibirse también talones por correo, se friega el buzón tanto por fuera como dentro.

La solución se emplea una vez por semana en el agua utilizada para lavar los pisos y paredes del negocio. Jamás se ha de emplear la misma preparación cuando ha transcurrido más de una semana. Se le atribuye el poder de atraer inquilinos a una casa o apartamento vacíos.

> *Se mezcla una onza de raíz de esquila (cebolla) en polvo, una onza de bardana amarilla en polvo, º de onza de cincoenrama, 1 cucharadita de canela y una cucharada de sal bendita. A medio litro de agua fresca, se le agregan dos cucharaditas de esta mezcla bien removida.*

## Solución para los pleitos ——

Se prepara esta solución tres días antes de presentarse delante de los tribunales. Se coloca en un lugar oscuro y sagrado el frasco y se entona el conjuro sobre ella. Se recita cada mañana y cada tarde dicho conjuro. Llegada la mañana de celebrarse el juicio, se echa por la puerta principal la solución y se camina sobre ella al salir para los tribunales. En el bolsillo se lleva un trozo grande de jalapa.

> *Dentro de medio litro de agua se echa º de onza de polvo de jalapa, æ onza de serpentaria y una cucharadita de sal bendita.*

## Nota

Esta solución surte mayor efecto al emplearse conjuntamente con un ritual enfocado a destruir el poder para dañar al enemigo.

## Vinagre «cuatro ladrones» ——

Se utiliza este vinagre para maldecir. Se escribe el nombre de la víctima sobre un trozo de papel, el cual se empapa bien en el vinagre arriba mencionado. Se deja secar el papel y a continuación se quema. Las cenizas se emplean en el ritual. También se puede rociar el vinagre sobre el umbral de la casa del enemigo, para ocasionar la ruptura en el círculo familiar.

> *Se agrega a cuatro litros de vinagre de sidra un puñado de los siguientes ingredientes: romero, ajenjo, lavanda, ruda, savia y menta, además de una onza de resina de alcanfor en polvo. Una vez bien cerrado el recipiente se coloca dentro de una cacerola con agua para su ebullición. La mezcla se agita antes de calentarse. Este proceso se lleva a cabo durante cuatro días y transcurrido este tiempo, se filtran y se guardan de nuevo las hierbas en el recipiente.*

## Esencia de Lousiana «Van Van»

Se emplea como solución para rociar, atraer la suerte y, en dosis más fuertes, para el poder. Si se mezcla con el agua de fregar los suelos y escaleras del hogar o el negocio, será eficaz para alejar el mal.

> *Se mezcla 1½ onzas de aceite de Louisiana «Van Van» con 16 onzas de alcohol. Agítese bien antes de usarse.*

## Agua de Notre Dame

Se rocía en todas las partes de la casa para atraer la paz y la tranquilidad.

> *Se machaca 1½ onzas de pétalos de rosa blanca en 16 onzas de agua traída de un arroyo. Se deja reposar los pétalos durante tres días, filtrando el líquido que se embotella para su futuro uso.*

## Agua de Marte o de guerra

Se emplea para fomentar las peleas. Se rocía en el sendero del enemigo.

*Se agregan 1½ onzas de creosota a 16 onzas de agua.*

# X

# Lagniappe

## Comienzo del ritual
### (principalmente empleado por los católicos)

Se acerca al altar, manteniendo las palmas de las manos y los pulgares contra el esternón. De pie, ante el altar, se mantiene unos momentos esta postura y luego se arrodilla, inclinando la cabeza ante el altar. Se mojan los dedos en el agua bendita y se santigua diciendo:

> (Al tocar la frene)
> En el nombre del padre,
> Au nom du père,
> (Al tocar el esternón)
> El hijo,
> le fils
> (Al tocar el hombro izquierdo)
> El Espíritu Santo,
> Le Saint Esprit
> (Al tocar el hombro derecho)
> Amen.
> Si soit–il

Se juntan de nuevo las palmas de ambas manos, arrodílle-se y recite de forma sincera el Salmo 51: 10–12.

*Crea en mí, oh Dios, un corazón*
*limpio, y renueva un espíritu recto*
*dentro de mí.*
*No me eches de delante de ti, y no*
*quites de mi tu santo espíritu.*
*Vuélveme el gozo de tu salud, y el*
*espíritu libre me sustente.*

En este ritual se emplean tres velas para representar a Dios al Padre, Dios el Hijo y el Espíritu Santo.

| Vela del altar | Vela del altar | Vela del altar |
|:---:|:---:|:---:|
| 1 | 2 | 3 |

**Velas angélicas**
**1, 2, 3, 4, 5, 6, 7**

**1–** Se enciende la vela del altar número 1, a la vez que se afirman las siguientes palabras:

*Bendito sea Dios el Padre, quien, mediante su poder*
*y amor omnipotentes me creó, creando a toda la*
*humanidad a su Divina imagen y Semejanza.*

**2–** Se enciende la vela del altar número 2, a la vez que se afirma lo siguiente:

*Bendito sea el Hijo, Jesús Cristo, el Amor de Dios,*
*encarnado en la tierra, quien vino al Padre para*
*enseñarnos el sendero al Reino de los Cielos y a la*
*Vida Eterna entre los santos.*

**3–** Enciende la vela del altar número 3, afirmando:

*Bendito sea el Espíritu Santo, enviado a nosotros por la gracia del Padre, de acuerdo con la promesa hecha por Jesús de Nazaret, quien me santifica y santificará a todos los hijos de Dios.*

**4–** Se enciende, con la llama de la vela del Espíritu Santo, la vela angélica/diurna, mientras se entona:

*Bendito sea (nombre) Angel/Arcángel de Dios, quien mediante la voluntad del Padre nos ayuda en nuestras vidas, pues que a sus ángeles mandará acerca de ti, que te guarden en todos tus caminos (Salmo 91:11). El que hace a sus ángeles espíritus, sus ministros al fuego flamante (Salmo 104:4).*

**5–** Se juntan las palmas de ambas manos y con la cabeza inclinada recita el ‹‹Gloria››:

*Gloria al Padre, al Hijo y al Espíritu Santo, como fue en un principio, ahora y siempre, por los siglos de los siglos. Amén.*

**6–** Se enciende el incienso, al elevarse el humo, se entonan las siguientes palabras:

*Bendito seas Dios el Eterno, ahora y siempre.*

**7–** Se toma el recipiente de agua bendita y se rocía en el sentido de las agujas del reloj, todos los rincones de la habitación. Se rocía también un poco a la derecha y a la izquierda y delante del altar, recitando al mismo tiempo el Salmo 91 de uso tradicional para pedir protección contra los diversos peligros, tales como: daños ocasionados por el fuego, el agua, los asesinos, los encarcelamientos, la peste, las enfermedades contagiosas o se reza para otra persona quien sea objeto de influencias negativas:

*El que habita al abrigo del Altísimo morará bajo la sombra del Omnipotente. Diré yo a Jehová, esperanza mía, y castillo mío, mi Dios, en él confiaré. Y él te librará del lazo del cazador, de la peste destructora. Con sus plumas te cubrirá y debajo de sus alas estarás seguro: escudo y adarga es su verdad. No tendrás temor de espanto nocturno, ni de saeta que vuela de día; ni de pestilencia que ande en oscuridad ni mortandad que en medio del día destruye.*

*Caerán a tu lado mil y diez mil a tu diestra, más a ti no llegará. Ciertamente con tus ojos miras y verás la recompensa de los impíos. Porque tu has puesto a Jehová, que es de esperanza, al Altísimo por tu habitación.*

*No te sobrevendrá mal, ni plaga tocará tu morada. Pues que a sus ángeles mandarás acerca de ti, que te guarden en todos tus caminos.*

*En las manos te llevarán, porque tu pie no tropiece en piedra. Sobre el león y el basilisco pisarás, hollarás al cachorro del león y al dragón. Por cuanto en mí ha puesto su voluntad, yo también te libraré: pondrélo en alto, por cuanto ha conocido mi nombre. Me invocará y yo le responderé con él estaré yo en la angustia, lo libraré y le glorificaré. Saciárelo de larga vida y mostrárele mi salud.*

En este punto del ritual se quema más incienso haciendo la siguiente afirmación:

*Quemo en este fuego el incienso como símbolo de homenaje a Vos, Señor.*

8– Se toma ahora el pebetero (preferiblemente uno que tenga una cadena) y se mueve tres veces hacia el altar, y a continuación se mueve por la habitación en sentido de las agujas del reloj. Se vuelve delante del altar moviendo el pebetero tres veces hacia el Este:

*En honor a ti, Rafael (Este).*

Se mira hacia el Sur, y moviendo tres veces el pebetero, se entona:

*En honor a ti, Miguel (Sur).*

Se mira hacia el Oeste, y moviendo tres veces el pebetero, se entona:

*En honor a ti, Gabriel (Oeste).*

Se mira hacia el Norte, y moviendo tres veces el pebetero, se entona:

*En honor a ti, Uriel (Norte).*

9– Se coloca de nuevo el pebetero en el altar y se recita a continuación el Salmo 104, siempre tendiendo en cuenta que todas las bendiciones y cosas emanan de Dios, el Creador del mundo. Se recita también este salmo a fin de evitar el daño a las personas, espíritus y animales, así como para frenar el deseo de hacer el mal.

*Bendice alma mía, a Jehová. Jehová, Dios mío, mucho te has engrandecido hasta vestido de gloria y de Magnificencia.*

*El que se cubre de luz como de vestidura, que extiende los cielos como una cortina; que establece sus aposentos entre las aguas, el que pone las nubes por su carroza, el que anda sobre las olas del viento, el que hace a sus ángeles espíritus, sus ministros al fuego flamante.*

*El fundó la tierra sobre sus bases, no será jamás removida. Con el abismo, como con vestido, le cubriste, sobre los montes estaban las aguas.*

*A tu represión huyeron, al sonido de tu trueno se apresuraron, subieron los montes, descendieron los valles, al lugar que tu les fundaste. Pusísteles término, el cual no traspasarán, ni volverán a cubrir la tierra.*

*Tu eres el que envías las fuentes por los arroyos van entre los montes. Abrevan a todas las bestias del campo, quebrantan su sed los asnos montaraces.*

*Junto a aquellos habitarán aves de los cielos, entre los ramas dan voces. El que niega los montes desde sus aposentos del fruto de sus obras se sacia la tierra.*

*El que hace producir el heno para las bestias, y la hierba para el servicio del hombre, sacando el pan de la tierra. Y el vino que alegra el corazón del hombre, y el aceite que hace lucir el rostro, y el pan que sustenta el corazón del hombre.*

*Llénanse de jugo los árboles de Jehová, los cedros del Líbano que él plantó. Allí anidan las aves, en las hayas hace su casa la cigueña. Los montes altos para las cabras monteses, las peñas, madrigueras para los consejos.*

*Hizo la luna para los tiempos, el sol conoce su ocaso. Pone las tinieblas, y es la noche: en ella corretean todas las bestias de la selva. Los leoncillos braman a la presa, y para buscar de Dios su comida. Sale el sol, recógense y échanse en sus cuevas.*

*Sale el hombre a su hacienda y a su labranza hasta la tarde. Cuán muchas son tus obras, oh Jehová. Hicisteis todas ellas con sabiduría. La tierra está llena de tus beneficios. Así mismo esta gran mar y ancho de términos en ella pescados sin número animales pequeños y grandes.*

*Allí andan navíos, allí este Leviathán, que hiciste*
*para que jugase en ella. Todos ellos esperan en ti,*
*para que les des su comida a su tiempo. Les das,*
*recogen, abren tu mano, hartanse de bien.*

*Esconde tu rostro, túrbanse, les quitas el espíritu,*
*dejan de ser, y tórnanse en polvo.*

*Envías tu espíritu, criánse y renuevas la haz de la*
*tierra. Sea la gloria de Jehová para siempre, alé-*
*grese Jehová en sus obras. El cual mira a la tierra,*
*y ella tiembla, tocan los montes y humean. A*
*Jehová cantaré en mi vida, a mi Dios salmearé*
*mientras viviere. Sedme suave hablar de él: yo me*
*alegraré en Jehová.*

*Sean consumidos de la tierra los pecadores, y los*
*impíos dejen de ser. Bendice, alma mía, a Jehová.*
*Aleluya.*

(Salmo 104)

Se deposita más incienso para su quema, meditando a continuación durante unos pocos minutos sobre el propósito del ritual.

Se prosigue con el ritual, sea para tener dinero, salud, restaurar la armonía en una situación conflictiva, o para anular una maldición, etc.

## Velas angélicas (diurnas) —᠁ᖫᗝ᠁᠁

1. **Miguel,** o San Miguel. Su planeta regente el sol. Es representado por una vela naranja. Su poder e inteligencia son grandes. El árbitro final en las cosas. Puede ser inmensamente bondadoso y generoso, y también capaz de demostrar una terrible ira.

2. **Gabriel,** o San Gabriel. Su planeta regente es la luna. Poseedor de fuerza y gracia, pero también puede ser

inconstante. Se le asocia con la muerte, lo oculto y la volubilidad. Su símbolo es una vela blanca.

3. **Madimiel:** Rige el planeta Marte. Es vehemente, ardiente y posee una energía arrasadora, a veces excesiva. De hecho su gran fuerza constructiva puede por exceso convertirse en fuerza destructiva. Es representado por una vela roja.

4. **Zophikiel:** Rige el planeta Saturno. Normalmente es representado por una vela azul oscura —o si es posible por una negra—. Es asociado con lo inevitable, lo infinito, los secretos y los misterios en general. Representa el terreno medio entre el tiempo y la eternidad y se le atribuye el atraer los desastres. De la lista arriba citada, los arcángeles San Gabriel, Miguel y Rafael, mientras que los otros son ángeles. Uriel es también arcángel y su nombre significa ‹‹Luz de Dios››. Rige el hemisferio norte y su color es el verde.

## Terminación del ritual

1– Apagar, en el orden inverso en que fueron encendidas todas las velas. Se dejan arder únicamente las velas del altar y la vela angélica.

2– Se quema más incienso si es necesario.

3– Se recita el Salmo 150.

*Alabad a Dios en su santuario,*
*alabadle en la extensión de su fortaleza.*
*Alabadle por sus proezas:*
*alabadle conforme a la muchedumbre*
*de su grandeza.*
*Alabadle a son de bocina,*
*alabadle con salterio y arpa.*
*Alabadle con adufe y flauta:*

*alabadle con cuerdas y órgano.*
*Alabadle con címbalos resonantes,*
*alabadle con címbalo de júbilo.*
*Todo lo que respira alabe a Jehová.*
*Aleluya.*

**4—** Se apaga la vela angélica a la vez que se dan las gracias al ángel con palabras propias, por la ayuda recibida.

**5—** Antes de apagar las velas del altar, se recita la siguiente oración:

> *Como el Padre me conoce a mí, que yo conozca a*
> *él, mediante Jesucristo, la puerta al reino del*
> *padre, enséñame el camino.*

Se juntan las palmas de las manos, con los pulgares contra el esternón y de rodillas, se inclina la cabeza. Se levanta y se apagan las velas del altar en el orden inverso en que fueron encendidas.

## Un servicio a la luz de las velas

Este servicio se realiza durante la noche recitando los Salmos bíblicos. Está ideado para un grupo de personas deseosas de rezar conjuntamente. Una persona puede ser un hombre o una mujer, dirige este servicio y se le designa como el líder.

Se requieren velas del séptimo día de las novenas. Estas son velas colocadas en cristales transparentes –una para cada persona que asista al ritual–. Unicamente será encendida por el líder una vela de color correspondiente a la naturaleza del servicio.

El líder ejecuta los pasos del uno al siete, tal y como fueron descritos en el ‹‹Ritual de Introducción›› y los cuales se emplean la mayoría de las veces por personas de la fe católica.

1– Se deposita más incienso en el pebetero, cogiendo a continuación el recipiente de agua bendita. Se camina en el sentido de las agujas del reloj, se marca la señal de la cruz en la frente de cada persona presente, a la vez que se bendicen como sigue:

*Que esta agua bendita te purifique en mente, cuerpo y alma. En el nombre del Padre, del Hijo y del Espíritu Santo, que Dios te juzgue digno de recibir sus beneficios.*

2– A continuación el líder entrega a cada persona una vela. Cuando todas las personas presentes hayan recibido su vela, el líder vierte unas pocas gotas de aceite para untar sobre las velas, pidiendo a cada participante frotar el aceite, en el sentido de las agujas del reloj, a medida que se concentra en sus oraciones.

3– Cuando las demás personas estén absortas en sus oraciones, el líder mirando hacia el altar, recita el Salmo 21 (Salmo de David).

*Alégrase el rey en tu fortaleza, oh Jehová, y en tu voluntad se gozará mucho. El deseo de tu corazón le diste, y no le negaste lo que sus labios pronunciaron. Pues le has salido al encuentro con bendiciones de bien: corona de oro fino has puesto sobre su cabeza. Vida te demandó, y dístele largura de días por siglos y siglos. Grande es su gloria en tu salud: honra y majestad has puesto sobre él. Porque lo has bendecido para siempre, llenástele de alegría con tu rostro. Por cuanto el rey confía en Jehová y en la misericordia del altísimo, no será conmovido.*

*Alcanzará tu mano a todos tus enemigos; tu diestra alcanzará a los que te aborrecen. Ponerlos has como horno de fuego en el tiempo de tu ira: Jehová los deshará en su furor, y fuego los consumirá. Su*

*fruto destruirás de la tierra, y su simiente de entre
los hijos de los hombres. Porque trazaron el mal
contra ti; fraguaron maquinaciones, más no preva-
lecerán. Pues tú los pondrás en fuga, cuando apa-
rejares en tus cuerdas las saetas contra sus rostros.
Ensálzate, oh Jehová, con tu fortaleza: cantaremos
y alabaremos tu poderío.*

4— El líder ahora enciende la vela de color, con una de las
ya ardientes velas angélicas/diurnas (véase la lista de
colores junto con sus significados vibratorios), la cual
simboliza el propósito del servicio. Después, una por
una, cada persona se acercará al altar para encender su
propia vela, de la llama de la vela de color. A continuación, todas las velas del séptimo día de novenas, se colo-
carán alrededor de la vela de color, en forma de semi-
círculo, la cual se ha puesto en el centro del altar.

5— Cuando todos los asistentes hayan encendido sus velas
y regresado a sus asientos, el líder se arrodilla delante
del altar y empieza a cantar el salmo correspondiente al
servicio. Es importante que dicho salmo se recite des-
pacio, permitiendo de este modo a todos repetirlo después. Este se realiza tres veces.

6— Antes de que alguien salga del lugar, es esencial clausu-
rar la ceremonia con el salmo 150.

7— De este modo se da final al servicio de novenas. Todos
los participantes han de recitar diariamente y durante
siete días el salmo utilizado.

Se deja arder durante una hora la vela de color, luego
el lider la apagará. Las otras velas se dejan arder hasta
que se extingan. Al recitar el líder el salmo del servicio, se enciende de nuevo la vela de color, quemán-
dose durante una hora todos los días. Todo esto se
hace por siete días y en el último día se deja que la
vela se apague sola.

## Uso de los salmos para resolver los problemas ～～～～

A lo largo de los años se han utilizado los resultados sorprendentes de los salmos para solucionar los problemas cotidianos. La lista que se detalla a continuación le ayuda a seleccionar el salmo más apropiado para los propósitos.

— Para los que deseen incrementar su desarrollo espiritual –Salmo 99–.

— Para que el traslado a un nuevo hogar aporte bendiciones y suerte –Salmo 61–.

— Para que todas tus empresas sean afortunadas –Salmo 65–.

— Para tener buena suerte en todo lo que hagas – Salmo 57–.

— Para cambiar una situación infeliz en una armoniosa –Salmo 16–.

— Para tener cubiertas todas tus necesidades diarias y no sufrir daño –Salmo 77–.

— Para liberarte de influencias muy negativas –Salmo 19–.

— Para expulsar del corazón grandes odios, la envidia y el rencor –Salmo 113–.

— Para la defensa contra los enemigos –Salmos 3, 59, 70–.

— Para la enfermedad o la mala salud Salmos 23, 35, 38–.

— Para dar las gracias o para la recuperación de la salud –Salmo 30–.

— Para atraer la paz o la bendición al hogar –Salmos 1, 128–.

— Para la ayuda espiritual en medio de la aflicción o la tensión –Salmos 3, 25, 54–.

— Para aportar la armonía entre las personas o los grupos –Salmo 133–.

— Para pedir ayuda material (dinero, alimentos, ropa, etc.) –Salmo 41–.

— Para evitar problemas ocasionados por la difamación –Salmos 38, 39–.

— Para recibir gracias, amor y misericordia –Salmo 32–.

— Para ser respetado y amado por los demás –Salmo 47–.

— Para proteger a alguien contra la difamación –Salmo 36–.

— Para que el chismorreo no te dañe –Salmo 36–.

— Para protegerte de un enemigo que no te deja en paz –Salmo 109–.

— Para liberarte a ti mismo de costumbres dañinas o malas –Salmo 69–.

— Para reconciliarte con un enemigo –Salmo 16–.

— Para vencer, de forma justa, a un enemigo –Salmo70–.

— Para tener más amigos –Salmo 111–.

— Para conservar el amor de los enemigos y adquirir más amigos –Salmo 133–.

— Para llevar la paz y la armonía entre las familias –Salmo 98–.

— Para hacer el bien y evitar el mal –Salmo 87–.

— Para expulsar las influencias malévolas de otro –Salmo 29–.

— Para que alguien salga antes de lo previsto de la cárcel –Salmo 26–.

— Para estar a salvo de los ladrones o peligros –Salmo 50–.

— Para estar a salvo al viajar por la noche –Salmo 122–.

— Para que tengan tus viajes un fin feliz –Salmo 34–.

— Para que tengas la simpatía, la aceptación y el amor de todos –Salmo 47–.

— Para alejarte de las influencias negativas –Salmo 10–.

— Para ganar un pleito contra una persona injusta o rencorosa –Salmo 35–.

— Para obtener de un juez un veredicto favorable –Salmo 20–.

— Para obtener la justicia y los favores en un pleito –Salmo 119– Lamed.

— Para los que beban en exceso –Salmo 87–.

— Para protegerte a ti mismo contra la ley –Salmo 35–.

— Para reconciliar a un hombre y una mujer –Salmos 45, 46–.

— Para expulsar a un espíritu malévolo –Salmo 66–.

— Para vengarse contra enemigos secretos –Salmo 53, 35–.

— En el caso de que los enemigos hayan provocado una pérdida de dinero y sembrado la desconfianza –Salmos 41, 43–. (diariamente 3 veces y durante 3 días, con una oración propia de la situación).

— Para vencer los problemas y superar las pérdidas ocasionadas por los socios –Salmo 63–.

— Para que tu hogar sea feliz –Salmo 61–.

— Para recibir las bendiciones sagradas –Salmo 62–.

Es importante que se reciten en voz baja las palabras de los Salmos, de modo que vibren suavemente. Cuando se llegue al final, se visualiza o solicita en el mínimo de palabras tu deseo.

## Oraciones a los santos

En Louisiana y en muchas partes del Nuevo Mundo donde se practica el vudú, bastantes de los antiguos dioses de esta religión –aunque no se denominan dioses, sino Lois (la palabra francesa para leyes)– fueron sustituidos por los santos católicos. En mi opinión la invocación de los santos para resolver los problemas cotidianos no discrepa mucho del politeísmo europeo y africano. Hoy las funciones de los santos se han fundido totalmente con las de los dioses africanos del vudú en Haití y con los cultos de los Macumba en el Brasil.

Se suele invocar a los santos detallados a continución, para los siguientes fines:

**El ángel guardián:** Para la protección.

**Nuestra Señora de Lourdes:** Para ayudar a los enfermos.

**Nuestra Señora del Perpetuo Socorro:** Para ayudar en todo.

**El corazón sagrado de Jesús:** Para las bendiciones diarias.

**Santa Ana (la madre de María):** Para las abuelas, la amistad y el amor.

**San Antonio:** Para el éxito en todo, la recuperación de un amor perdido, también la recuperación de los objetos perdidos o robados.

**Santa Bárbara:** Para el valor y la protección.

**San Basilio:** Para la justicia en los asuntos legales.

**San Bernardo:** Para los favores especiales.

**San Rafael el Arcángel:** Para los buenos viajes.

**San Cristóbal:** Para la seguridad en los viajes.

**Santa Clara:** Para la comprensión en todos los asuntos.

**San Cirilo:** Para las necesidades y bendiciones cotidianas.

**Santa Dimplona:** Para interceder por las personas con enfermedades mentales o nerviosas.

**Santa Elena:** Para vencer la tristeza y la aflicción.

**San Expedito:** Para la ayuda rápida en una situación apurada.

**San Francisco de Asís:** Para la serenidad y las bendiciones espirituales.

**San Gerardo Maiella:** Para la maternidad y las mujeres embarazadas.

**Santa Juana de Arco:** Para el valor y la victoria.

**San José:** Para las bendiciones familiares y el trabajo.

**Santa Lucía:** Para ser libre de todo mal.

**San Lázaro (santo patrón de los pobres):** Para las necesidades cotidianas.

**San Judas (santo patrón de lo imposible):** Para la ayuda con los asuntos difíciles.

**San Martín de Porres:** Para el desarrollo espiritual, curación psíquica y para liberarse del pecado.

**San Miguel el Arcángel:** Para el valor, la protección y la salvación de los enemigos y las fuerzas del mal.

**Santa María Magdalena:** Para mejorar a uno mismo.

**San Pedro:** Para el desarrollo espiritual y la misericordia de Dios.

**San Raimundo y/o la Sagrada Familia:** Para la paz y el amor dentro de la familia.

**Santa Teresa:** Para la humildad y la espiritualidad.

**La Virgen María (madre de Dios):** Para la salud, la ayuda cotidiana y el necesitar perdón.

## Oración a San José

*San José, padre y guardián de vírgenes, en cuya fiel custodia fue depositada la inocencia misma, Jesucristo y María, la Virgen de Vírgenes, te rezo y te imploro que a través de María intercedas por mí ante Dios el Padre.*

**(Aquí se nombra la petición).**

*Que cumpla con fidelidad, honradez y alegría de corazón mi trabajo diario, siguiendo tu ejemplo para sustentar a los que dependen de mi. Guárdame de toda impureza y permite que mi mente no se corrompa, que mi corazón quede puro y mi cuerpo casto. Ayúdame a servir a Nuestro Señor, Jesús en todos los trabajos diarios.*

## Oración a San Gerardo Maiella

**(Una oración para la maternidad).**

*O buen San Gerardo, poderoso intercesor ante Dios y obrador de maravillas, hoy día, te invoco solicitando tu ayuda. Intercede por mí ante Dios que tenga el amor, la paciencia y la comprensión verdadera para dedicar mis hijos a Dios. Tú, que en la tierra siempre cumpliste la disposición de Dios, ayúdame. Pido con verdadera humildad y la firme convicción de tu ayuda. Implora al Señor de la Vida, de quien procede toda la paternidad de hacerme digna en mi responsabilidad de enseñar a mis hijos la naturaleza divina en esta vida y a ser herederos del Reino de Dios y de su Gloria en el mundo venidero. Amén.*

## Oración a San Judas

**(Muchos practicantes me han informado que cuando San Judas concede el deseo, al mismo tiempo se queda vinculado a él).**

*San Judas, glorioso apóstol, fiel servidor y amigo de Jesús, el nombre de tu personal ha sido motivo de olvido de muchos, pero te invoco como el patrón de las causas perdidas y cosas desesperadas. Reza por mí para que finalmente reciba los consuelos y el socorro de los cielos en todas mis necesidades, tribulaciones y sufrimientos.*

**(Aquí se nombre la petición).**

*Y que pueda bendecir a Dios, junto con los elegidos para toda la eternidad. Te prometo, por conceder mi deseo difundir con amor y compasión tu nombre desde hoy en adelante. Sé que no me decepcionarás y que la felicidad me seguirá en estos momentos difíciles.*

## Oración a Santa Dimphna

**(Para las personas con enfermedades mentales o nerviosas).**

*Señor Jesucristo, es tu voluntad que Santa Dimphna, sea invocada por miles de personas como la Santa Patrona de las enfermedades nerviosas y mentales. También es tu voluntad que su* interés en estos pacientes sea una inspiración y obra caritativa en todas las partes del mundo. Haz, que a través de las oraciones de esta joven y pura mártir, todos los que sufran de enfermedades mentales y nerviosas reciban ayuda y consuelo. Te recomiendo sobre todo (aquí se nombran los beneficiarios de las oraciones). Ten la bondad de escuchar las oraciones de Santa Dimphna y de tu Bendita Madre, la Salud de los enfermos y el consuelo de los afligidos. En favor de aquellos a quienes he recomendado al amor y la compasión de tu Sagrado Corazón. Dales paciencia para sobrellevar su aflicción y resignación para cumplir tu Divina Voluntad. Dales la consolación que ellos necesitan y especialmente la cura tan deseada. Si es tu voluntad permite que todos nosotros sirvamos a tus fieles que sufren, y que nuestra caridad nos aporte la recompensa de estar unidos para siempre en el cielo, con quien vive y reina, con el Padre en la unidad del Santo Espíritu, para siempre. Amén.

## Oración a Nuestra Madre del Perpetuo Socorro

Oh, Madre del Perpetuo Socorro, permite que yo pueda invocar siempre tu muy poderoso nombre, el cual es la salvaguardia de los vivientes y la salvación de los moribundos. Oh, Purísima Madre; oh, Dulcísima María, deja estar para siempre en mis labios tu nombre. Oh, Bendita Señora, cuando quiera que yo te llame a Ti, no demores la ayuda en todas mis necesidades.

**(Se hace la petición de ayuda).**

En todas mis tentaciones no cesaré de invocarte a Ti, repitiendo siempre tu Sagrado nombre, María, María.

*(Se hace otra petición, la petición de ayuda).*

*Oh, qué consuelo, qué dulzura, qué confianza, qué emoción llena mi alma cuando pronuncio tu sagrado nombre, o sólo con pensar en Ti. Yo doy gracias Dios por habernos dado a Ti, por mi bien, tan dulce, tan poderoso, tan bello nombre. Pero no estaré contento con pronunciar meramente Tu nombre. Deja que mi amor por Ti me tenga siempre dispuesto par alabarte a Ti, Madre del Perpetuo Socorro. Amén.*

**(Se recitan nueve Ave Marías).**

## Oración al Niño Jesús de Praga

*Oh, Jesús, quien ha dicho: ‹‹Pide y recibirás, busca y encontrarás, llama y te será abierto››. A través de la intercesión de María, tu muy Sagrada Madre, yo llamo, yo busco, yo pido que mi oración sea concedida.*

*Oh, Jesús, quien ha dicho: ‹‹Todo lo que pidas al Padre en mi nombre te será concedido››. Guíame con el Santo Espíritu para que yo te bendiga siempre por lo que has hecho. Humilde y urgentemente pido al Padre en tu nombre que escuche mi oración. (Se hace la petición).*

*Oh, Jesús, quien ha dicho: ‹‹El cielo y la tierra desaparecerán, pero mi palabra no desvanecerá››. Tengo la seguridad de ver atendida mi oración. Me has fortalecido en todo, proporcionándome mis necesidades. Me acerco a Ti con gracias. Amén.*

## Oración al Sagrado Corazón de Jesús

Oh, Dios, que en tu misericordia no has colmado de tesoros de amor con el Corazón de tu Hijo, Jesús, quien fue herido por nuestros pecados y acongojado por nuestra ingratitud, te imploro dejes ofrecerle el homenaje de mi piedad, la claridad de mi mente, mi cuerpo sano y un alma apacible para cumplir con compasión, tranquilidad y serenidad de espíritu mis tareas diarias. Manténme hoy constantemente delante de tu vista, pues en Ti deposito mi fe. Que aprenda a seguir las huellas de tu bien amado Hijo, Jesús, a fin de ser digno de recibir, en mi situación, Tu bendición.

**(Se hace la petición de ayuda).**

Por el mismo Cristo, nuestro Señor. Amén.

## Oración a San Miguel

Rogamos nos protejas, San Miguel Arcángel, contra la violencia, el asesinato y el robo. Presérvanos hoy en tu bondad de la malicia de los hombres pecaminosos y malos. En tu vigilancia mira por la seguridad y el bienestar de nuestros hogares y guarda nuestras posesiones. Mantén siempre bajo tu cuidado especial, oh San Miguel, todo triunfante, las fuerzas del orden público contra los crímenes de los malefactores y defiende en tiempos de peligro a todos los ciudadanos honestos. Te pedimos esto a través de Jesucristo nuestro Señor. Pues el Señor Dios nos ha encomendado a tus ángeles para guardarnos en todos nuestros caminos.

**(Se nombra la situación o lugar donde más protección se requiere).**

San Miguel, Arcángel de Dios, defiéndenos en la batalla y protégenos contra la maldad y las celdas del Diablo.

Rezamos humildemente que Dios castigue a Satanás y, con el poder de Dios, le eches Tú, Príncipe de las Huestes Celestiales, al Infierno, junto con todos los espíritus malévolos que erran por el mundo buscando la perdición de las almas.

## Oración a San Expedito —

San Expedito, yaces en reposo, vengo a Ti para que concedas mi deseo.

**(Se nombra el deseo).**

Acelera el cumplimiento de mi deseo. Acelera lo que quiero de ti, este mismo segundo. No demores un día más. Dame lo que pido. Conozco tu poder, te conozco a través de tu trabajo. Sé que lo puedes hacer. Puedes hacer esto por mí y defenderé con amor y honor tu nombre. Acelera el cumplimiento de este deseo con rapidez, amor, honor y bondad. Que la gloria sea contigo, San Expedito. Amén.

San Expedito tiene la fama de proporcionar rápida ayuda. Al invocarle es mejor usas una lámpara de ayuda rápida.

## Oración a Santa Ana —

Oh, gloriosa Santa Ana, llena de compasión para los que te invocan y de amor para los que sufren, cargado con el peso de mis problemas me echo a tus pies, humildemente rogando te ocupes del asunto que recomiendo para tu protección.

**(Se hace la petición).**

Recomienda este asunto a tu Hija, la Virgen María
y déjalo ante el trono de Jesús para que tenga un
feliz fin. No dejes de interceder por mí hasta ser
atendida mi petición.

**(Se repite la petición).**

Sobre todo, obtén para mí la gracia del poder un
día contemplar a Dios cara a cara, contigo, María,
y todos los santos, alabando y bendiciendo a Dios
para toda la eternidad.

Que sea valiente ante el peligro, constante en las
tribulaciones, moderado en la ira y sereno en todos
los cambios de la vida, que sea leal y cariñoso con
quienes tropiezo diariamente. Buena Santa Ana,
madre de Ella, quien es nuestra vida, nuestra dulzura y nuestra esperanza, reza por nosotros a Ella
para obtener nuestra petición.

## Oración a San Antonio

Oh, San Antonio, el más dulce de los santos, tu
amor hacia Dios y tu caridad para con sus criatu-
ras te permitieron, estando todavía en la tierra,
tener poderes milagrosos. Los milagros seguían tus
palabras, palabras que siempre estabas dispuesto a
pronunciar para los afligidos. Animados por esto,
te imploro me ayudes a obtener.

**(Se hace la petición).**

Puede ser necesario un milagro para el cumplimiento de mi deseo, pero Tu eres el Santo de los
Milagros. Oh, dulce y amante San Antonio, cuyo
corazón estaba lleno de simpatía por los humanos,
susurra mi petición a los oídos del Santo Niño
Jesús, que tanto quería estar en tus brazos y la
gratitud de mi corazón será siempre tuya. Amén.

Al rezar a San Antonio por runa ayuda es aconsejable quemar una vela marrón hasta ver cumplido el deseo.

San Antonio también ayuda a un amante errante. En este caso se procede como sigue:

Entra en el patio, sin ser vista por nadie y colocando las manos en torno de la boca, en forma de altavoz, se llama tres veces a la persona amada, pidiendo a San Antonio a continuación, la devuelva a su lado. Se llama de nuevo a la persona informando que San Antonio la va a traer nuevamente y que no podrá resistirse. Se pide de nuevo a San Antonio le devuelva a esa persona. Se ejecutan estos pasos tres veces mirando hacia el Norte, al Este, al Sur y al Oeste. Se regresa a la casa para esperar el retorno de la persona nombrada.

## Oración a San Antonio

Para la devolución de posesiones perdidas o robadas, siempre y cuando no se hayan tirado al agua, por existir en este caso la antigua creencia de estar ya perdidas irrevocablemente. Denominamos a esta oración la roulaison. Antes de empezar es necesario tener una imagen de San Antonio a la cabecera de la cama. Se repite incesantemente la roulaison siempre pensando hasta dormirse en el artículo perdido o robado.

La roulaison, Saint Antoine de Padue qui t'invoque, que ton besoin involve de père et mère est commiter de prepier entre la fèrmetier. Père pour empîche le médier au mort subite. Qui nous fait recouvrir toute chose perdu. Qui nous fait gagner le process content. Jeune et vieux, qu'on voir encore devant le roi de tout le monde, au repose directé.

## Aviso:

Ciertos practicantes no emplean la Roulaison para la devolución de artículos perdidos o robados. Algunos me han informado personalmente de haber sufrido pesadillas o agotamiento por falta de sueño. Sin embargo, yo debo confesar que ésta no ha sido mi experiencia.

## Oración a San Cristóbal

Aunque en la década de los setenta San Cristóbal fue privado de su rango de santo, muchas personas todavía solicitan su ayuda al efectuar un viaje.

> *Dame, oh Dios, una mano firme y un ojo avizor. Que nadie me dañe en mi paso. Me diste la vida; rezo para que ningún acto mío me quite o estropee este don tuyo. Abriga a los que me acompañan, querido Señor, de los peligros del fuego y toda calamidad. Enséñame a utilizar mi coche para las necesidades de los demás. Y que mi amor a la velocidad no me haga perder la belleza de este mundo. De modo que, con alegría y cortesía prosiga mi camino. San Cristóbal, Santo Patrón de los viajeros, protégeme y llévame a salvo a mi destino.*

## Oración a Santa Teresa

> *Oh, Señor, que has dicho: ‹‹Si no eres como un niño no entrarás en el reino de los cielos, te imploro nos dejes seguir los pasos de la bendita virgen Teresa con un corazón humilde y sencillo para que así alcancemos la recompensa eterna; Tú que vives y reinas para siempre. Rezo, sinceramente, por una ayuda, sabiendo que mi vanidad, orgullo y arrogancia me alejan del amor de Dios.*

*Aparta de mí estos instintos vulgares que me impi-*
*den alcanzar mi meta de seguir a Dios en mi vida*
*diaria. Amén.*

## Oración a Santo Domingo

*Oh, Santo sacerdote de Dios y glorioso patriarca,*
*Santo Domingo. Tú, que eras el amigo, el hijo bien*
*amado y confidente de la Reina del Cielo, y que*
*tantos milagros hiciste por el poder del Sagrado*
*Rosario, ten presente mis necesidades.*

**(Se hace la petición).**

*Abriste, en la tierra, tu corazón a los misterios de*
*tus semejantes y prestas eran tus manos en donar*
*ayuda; ahora en los cielos tu caridad no ha dismi-*
*nuido, ni se ha mengudo tu poder.*

*Reza por mí a la Madre del Rosario y a su Hijo divino.*

**(Se hace de nuevo la petición).**

*Pues tengo gran confianza en que mediante tu*
*ayuda obtendré el favor que tanto deseo.*

**(Se reza el Rosario).**

*Se reza a Santo Domigo para ayuda en la obten-*
*ción de las necesidades y bendiciones cotidianas.*

# Conclusión

## Ser Mago

Cuando practique las artes mágicas, se dará cuenta cómo todos los encantamientos que hace, todos los rituales que ejecuta, son al igual que una espada de doble filo. La energía creada alcanza su meta, pero en el transcurso del tiempo se vuelve a su autor. Este es uno de los principios entrelazados de la energía, la ley de la radiación y la atracción y, de acuerdo con esta ley, cosechamos inevitablemente lo sembrado. Siempre y cuando se procure utilizar la magia en beneficio los demás, se estará usando para el bien propio.

La vida de un mago es a veces difícil debido a las expectativas.exageradas de sus clientes. Es también posible la existencia de otros magos, quienes para ganar clientela y dinero con rapidez, desacreditan la labor y capacidad de sus colegas.

Un mago sincero no encuentra difícil vivir en paz y armonía con sus semejantes, pues sabe perfectamente que es imposible atender en forma adecuada las necesidades de toda una población. En la ciudad donde vivo hay por lo menos cinco magos. El ser mago aporta una de dos cosas: o bien la admiración y respeto de los demás, o bien su sarcasmo. Todo depende de como se conduce en la vida pública y privada.

No es aconsejable vestirse de modo extraño o propagar el hecho de la dedicación a la magia, ya que tales acciones provocan la burla. Si se emplean los conocimientos para atemorizarlos, amenazándolos con una maldición si no cumplen con las órdenes por ejemplo, se suscita lógicamente el odio. El mago sabio, en cambio, vive de la forma más normal posible. Es siempre honrado en su trato con los demás. Nunca juzga a los seres humanos, por el contrario, aprende a mirarlos desde un nivel espiritual. Es precisamente en este nivel donde el mago adepto se encuentra y trata con igualdad a las personas. Unicamente, a través de la conducta ética se granjea un mago la confianza y respeto de la comunidad. De la misma manera que no habla de sus trabajos rituales, tampoco discute con los clientes los problemas de otros ni la naturaleza del trabajo. Si se jacta delante de un cliente de los poderes que se poseen, es muy posible que pierda su confianza. Las personas acuden al mago teniendo mucha fe en su discreción. Es importante advertir también, el no hablar a otras personas del trabajo realizado para ellos. El ser humano es locuaz y en el caso de haber compartido su secreto el cliente con otro, debe informar del hecho lo antes posible, ya que de esta forma se evita la responsabilidad de cualquier rumor relacionado, bien con el cliente o bien con la operación en proyecto. Muy posiblemente una persona acuda en ayuda para romper una relación amorosa. Siempre me niego en forma rotunda a intervenir, dada mi firme creencia en la inconveniencia de emplear la magia sin el permiso de la persona involucrada. La experiencia ha demostrado que las personas ansiosas de romper una relación de este tipo, obran por motivos egoístas o posesivos. En situaciones de esta índole, suelo ofrece ayuda a la persona para conocer a otro, el cual sea más compatible.

Si se decide anunciar públicamente las actividades, es aconsejable tener una consulta durante algunas horas determinadas del día y en ciertos días de la semana. De no proceder de dicha forma, se expone a recibir visitas de personas ansiosas de los servicios a las tres o cuatro de la mañana. Esto sucede muy a menudo con magos que adoptan la política de ‹‹puertas abiertas›› al dar a muchas personas por sentado este tipo de ayuda y pensar en los magos como carentes de derecho a una vida privada o social.

**Recuerde:** Es siempre mejor que el cliente le preste su máxima cooperación durante el rito, es decir, por ejemplo, se tome el baño ritual diariamente, pues esto ayuda a fijar una cierta vibración dentro de su aura. Es aconsejable también la quema de velas durante el baño, teniendo siempre en cuenta que el color depende de la naturaleza del rito. La mayoría de los practicantes recomiendan el uso de nueve velas, una para cada día, mientras otros incluso ayudan a sus clientes a fabricar una lámpara mágica para sustituir a las velas.

Siempre y cuando se decida a emplear un encantamiento o conjuro nuevo pruébelo primero sobre sí mismo. Nunca se ha de utilizar a otro como conejillo de indias. Hay que tener en cuenta, que si se produce en esta persona cualquier condición adversa, solamente el mago tiene la culpa de ello.

# Bibliografía

Finalmente, recomiendo los siguientes libros cuya lectura merece la pena resaltar, en especial para los principiantes:

1– *Rituales prácticos con velas*, Raymond Buckland; nueva edición en Español a publicarse en octubre, 1997; Llewellyn. Edición en Inglés (*Practical Candleburning Rituals*).

2– *Magical Herbalism*, Scott Cunninham (Llewellyn), Inglés.

3– *Inciensos, Aceites e Infusiones*, Scott Cunningham; Llewellyn 1997. Edición en Inglés (*Incense, Oils & Brews*).

4– *Wicca*, Scott Cunninham (Llewellyn), Inglés.

5– *La Casa Mágica*, Cunninham, Harrington (Llewellyn) 1997. Edición en Inglés (*Magical Household*).

## LA MAGIA Y TÚ

Un claro raciocinio para explicar las fuerzas creativas de la magia en la mente humana y su práctica en la evolución espiritual.

**5¼" x 8" • 160 pág.**
**1-56718-332-8**
**$6.95 U.S. • $9.95 Canadá**

# Obras escogidas de
# Migene González-Wippler

## LA MAGIA DE LAS PIEDRAS Y LOS CRISTALES

Este libro trata sobre las diferencias entre piedras y cristales y como pueden usarse para transformar la vida humana.

**5¼" x 8" • 160 pág.**
**1-56718-331-X**
**$6.95 U.S. • $9.95 Canadá**

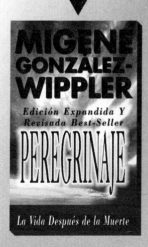

**Creado por Zolrak**
**Illustrado por Durkon**
**EL TAROT DE LOS ORISHAS**

Esta fascinante baraja emplea por primera vez las energías
poderosas de la Santería y el Candomblé Brasileño.

**La Baraja • 1-56718-843-5 • $19.95 U.S. • $26.50 Can.**

**El Libro • 1-56718-844-3 • $14.95 U.S. • $19.50 Can.**

**El Conjunto • 1-56718-842-7 • $32.95 U.S. • $45.50 Can.**

**Scott Cunningham**
**INCIENSOS, ACEITES e INFUSIONES**
Descubra el poder en las hierbas. Este libro tiene todas las fórmulas para despertar el poder de la magia.

**5 ³/₁₆" x 8¹/₄"• 302 pág.**
**1-56718-279-8**
**$9.95 U.S. • $13.95 Can.**

¡Nuevo título!

**Dr. Bruce Goldberg**
**SOSEGAR EL ALMA**

Explore prácticas naturales de curación, regresión hacia vidas pasadas, progresión futura, hipnoterapia, experiencias cercanas a la muerte, curación chamánica, acupuntura, meditación, yoga, y nuevas teorías físicas.

**288 pág. • 1-56718-486-3**
**$8.95 U.S. • $12.95 Can.**

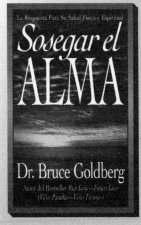

# ALMANAQUE ASTROLÓGICO
# 1998

**ALMANAQUE / ASTROLOGÍA**
ISBN: 1-56718-939-3
13 x 10 • 36 pág.
$9.95 U.S., $13.95 Canadá
12 ilustraciones a color
Derechos mundiales disponibles

# ¡el horóscopo
# para
# todos
# los signos!

**Disponible
en Sep. /97**

# MANTÉNGASE EN CONTACTO...
## ¡Llewellyn publica cientos de libros de sus temas favoritos!

En las páginas anteriores ha encontrado algunos de los libros disponibles en temas relacionados. En su librería local podrá encontrar todos estos títulos y muchos más. Lo invitamos a que nos visite.

| | |
|---|---|
| **Ordenes por Teléfono** | ✔ Llame gratis en los Estados Unidos y Canadá, al Tel. 1-800-THE-MOON. En Minnesota, al (612) 291-1970.<br>✔ Aceptamos tarjetas de crédito: VISA, MasterCard, y American Express. |
| **Ordenes por Correo** | ✔ Envíe el valor total de su orden (residentes en MN agreguen 7% de impuesto) en $U.S. dólares más el costo de correo a: **Llewellyn Worldwide, P.O. Box 64383, Dept. (K-3301), St. Paul, MN 55164-0383, U.S.A.** |
| **Correo & Transporte** | ✔ $4 por ordenes menores a $15.00<br>✔ $5 por ordenes mayores a $15.00<br>✔ No se cobra por ordenes mayores a $100.00 |

En U.S.A. los envíos se hacen a través de UPS. No se hacen envíos a Oficinas Postáles. Ordenes enviadas a Alaska, Hawai, Canadá, México y Puerto Rico se harán en correo de 1ª clase. **Ordenes Internacionales:** Aereo, agregue el precio igual de c/libro al total del valor ordenado, más $5.00 por cada artículo diferente a libros (audiotapes, etc.). Terrestre, Agregue $1.00 por artículo.

**4-6 semanas para la entrega de cualquier artículo. Tarifas de correo pueden cambiar.**

| | |
|---|---|
| **Rebajas** | ✔ 20% de descuento a grupos o distribuidores. Deberá ordenar por lo menos cinco copias del mismo libro para obtener el descuento. |

### Catálogo Gratis
Ordene una copia a todo color de *Llewellyn Español* con información detallada de todos los libros en español actualmente en circulación y por publicarse. Se la enviaremos a vuelta de correo.